零代码
全民开发

为企业数字化转型赋能

简道云团队 编著

电子工业出版社
Publishing House of Electronics Industry
北京·BEIJING

内 容 简 介

过去，企业实施数字化转型时往往需要花费高额成本才能拥有一套适用的数字化系统；而零代码开发平台的兴起，让企业有机会以较低成本自己搭建数字化系统。本书聚焦零代码开发这一新模式，重点介绍企业如何使用零代码开发平台搭建系统，并分享了不同行业用户的实战案例，提出了"全民开发"这一企业自助式开发的新概念——无论是 IT 专业人员，还是不懂代码的业务人员和管理人员，都可以在零代码开发平台上搭建应用，将这些小微应用组成应用矩阵，使其最终演化为功能丰富的企业数字化系统。

未经许可，不得以任何方式复制或抄袭本书之部分或全部内容。
版权所有，侵权必究。

图书在版编目（CIP）数据

零代码全民开发：为企业数字化转型赋能 / 简道云团队编著. —北京：电子工业出版社，2023.3
ISBN 978-7-121-45109-6

Ⅰ.①零… Ⅱ.①简… Ⅲ.①企业管理－计算机管理系统 Ⅳ.①F272.7

中国国家版本馆 CIP 数据核字（2023）第 030069 号

责任编辑：许　艳
印　　刷：三河市龙林印务有限公司
装　　订：三河市龙林印务有限公司
出版发行：电子工业出版社
　　　　　北京市海淀区万寿路 173 信箱　邮编：100036
开　　本：787×980　1/16　印张：13.75　字数：212.7 千字
版　　次：2023 年 3 月第 1 版
印　　次：2023 年 3 月第 1 次印刷
定　　价：79.00 元

凡所购买电子工业出版社图书有缺损问题，请向购买书店调换。若书店售缺，请与本社发行部联系，联系及邮购电话：(010) 88254888，88258888。
质量投诉请发邮件至 zlts@phei.com.cn，盗版侵权举报请发邮件至 dbqq@phei.com.cn。
本书咨询联系方式：(010) 51260888-819，faq@phei.com.cn。

推荐语

传统制造行业中的 IT 人员配置普遍不足，导致系统开发的时间和资金成本居高不下。零代码开发平台使用简单、易上手，而且开发速度快，既适合 IT 人员也适合一线业务人员使用。零代码开发平台能帮助企业实现组织架构及业务管理的数字化，是数字化转型的得力工具。

艾新荇

广西钢铁集团冷轧厂，副厂长

零代码开发平台不仅能让业务人员参与开发，解决大量零散的业务需求，还能加深业务人员对系统架构的理解，使他们在与 IT 团队沟通时，能够更好地理解"IT语言"，提升双方的沟通效率；在向 IT 团队提交系统需求时，也能清楚地描述场景、逻辑及重要程度。

如果你也想利用零代码开发助力企业数字化转型，本书一定能为你带来一些启发。

罗威

广州视源电子科技股份有限公司

集团信息中心基础架构总监

本书既可以当作零代码开发的普及读物，也可以当作企业零代码开发实战指南。身处数字化转型不同阶段的企业都能从中有所收获。

李政

36Kr，副总裁

零代码开发是人人皆可参与的"数字创新"活动。不论你是数字化转型的领导者、执行者，还是数字化系统的使用者，都可以从本书中获得启发。

吴江

武汉大学信息管理学院，教授、副院长

时代的浪潮呼唤数字化转型。让不懂编程的业务人员使用零代码开发工具，通过可视化建模和拖放式组件来实现企业业务数字化，正成为一种趋势。这本书从企业的业务需求出发，以多个实际案例详细介绍了如何利用简道云零代码开发平台搭建企业应用，相信对于致力于数字化建设的企业和个人都有很大的帮助。

胥正川

复旦大学管理学院，副教授

这本书既介绍了零代码开发平台的概念和价值，也为企业提供了一条可行性高的落地路径。书中展示了不同行业用户的实战案例供读者借鉴，是一本零代码开发入门好书。

方佳明

电子科技大学经济与管理学院，教授、博士生导师帆软旗下的简道云是国内用户基础很广的一款零代码 aPaaS 产品，本书结合他们 8 年服务客户的经验，为企业描绘了一幅通过零代码开发平台实现自助式数字创新的蓝图。

中国信息协会大数据分会

序言

这是一个创新的时代，技术和业务模式的创新正不断给管理者带来新的挑战，企业不仅要在战略上适应创新和变化，其管理模式和管理工具也亟待革新。在全社会数字化转型不断深入的背景下，用数字化系统来辅助管理成为许多企业要面对的问题。

在过去，对于企业来说，数字化系统是个"高大上"的东西，因为"上系统"通常有较高的门槛。企业想要拥有一套自己的数字化系统，必须找开发团队进行定制化开发，或者找软件厂商采购标准的成品软件。由于代码开发的工作量很大，无论采用哪种方式，企业都需要投入大量的成本和精力。

近年来，零代码开发平台兴起，企业有机会低成本地自主搭建数字化系统。简道云于 2015 年正式上线，在国内的零代码开发平台中应该算是上线比较早的。其实一开始，我们也没有"零代码开发平台"的概念，只是想做一套帮助企业收集和管理数据的工具，边做边摸索。团队在研发 1.0 版本产品的时候，拜访了大街上的水果店、眼镜店、杂货店老板，邀请他们成为简道云的种子用户。老板们大多是因为对数据管理感兴趣而受邀成为第一批用户的，他们也一直热情地反馈使用体验和提需求。慢慢地，零代码开发平台的产品雏形开始显现。

在简道云上，开发者无须编写代码，使用鼠标进行拖曳、连线等操作就能搭建企业应用，进而构建复杂的系统。零代码开发平台的各个功能模块就好比不同的乐高"积木块"，开发者对"积木块"进行组合拼接，就可以搭出各种应用。

种子用户用简道云搭建出 CRM、ERP、进销存等系统，十分认可简道云的产品价值，并愿意推荐给身边的人使用。简道云用户的规模逐渐扩大，也有越来越多大型企业成为我们的用户。

和传统的代码开发模式相比，使用零代码开发平台，企业能够更快速地实现需求；同时，由于技术门槛低，企业的业务人员也可以参与系统开发，每一个成员都有机会将自己的想法快速变成现实，大大激发了组织的活力。当系统开发不再需要依赖 IT 专业人员和软件厂商时，企业"上系统"的成本也就大大降低了。

零代码开发模式，不仅成本低，而且更"接地气"。简道云有一家客户，是位于乡镇的民营机械制造厂，其大部分员工为当地年龄较长且学历不高、勉强会使用智能手机的叔叔伯伯，厂里也没有专门的 IT 部门。我们拜访了这家工厂的总经理，得知他和助手两个根本不懂编程的人，在简道云上亲手搭建了工厂的数字化系统，不仅实现了从客户下单到工厂发货的全流程数字化管理，还实现了工人的考勤、绩效、薪酬甚至加班餐补等事务的数字化管理。我们对此颇感震撼。

有时候我很疑惑，到底是我们的零代码开发平台更厉害，还是我们的用户更厉害？最后发现，其实还是用户更厉害。零代码开发平台只是我们围绕用户的需求做的工具，工具本身是很普通的，最终还是要靠用户才能创造出这些让人惊叹的成果。

非常感谢电子工业出版社给了我们出版这本书的机会，让我们能把对零代码开发的理解分享给广大读者，也让我们自己产生了很多思考。本书将为大家介绍：零代码开发平台是什么，它为何能成为企业数字化转型过程中的一把利器，企业应该如何使用零代码开发平台搭建系统。本书融合了简道云 8 年来服务客户的经验，也收录了多家来自不同行业的不同规模企业的宝贵实战经验。

读完这本书，相信大家能对零代码开发平台有一个基础的认知，我们也非常欢迎有意愿自己开发业务和管理应用、构建企业数字化系统的朋友尝试零代码开发平台。

祝愿大家在数字化转型的路上都能有所收获！

单兰杰

简道云联合创始人

致谢

本书能够顺利出版，离不开很多人的辛苦付出和大力支持。首先要感谢的是简道云的广大用户，尤其是书中提及的用户，本书内容的很大一部分是基于他们的实践总结得出的。

其次，感谢简道云产品线的各位同事，他们在数年如一日服务用户的过程中积累了宝贵经验，为本书提供了许多专业内容。

感谢电子工业出版社的编辑为我们反馈了专业、中肯的意见，正是他们的帮助，使本书的内容得以改进，最终成稿并出版。

最后，特别要感谢以下人员对本书的贡献（按姓氏拼音的首字母排序）：

艾新荇、丁纯洁、董兴潮、高林、郭东东、和大龙、黄聪、刘公社、罗威、马小龙、彭雁、舒方法、孙颖、王继琨、魏群峰、严鹏、杨卫红、殷超、于添翼、袁超、张晨、朱晓辉

目录

1 零代码开发平台简介 1
    1.1 概述 3
        1.1.1 零代码开发平台的定义 3
        1.1.2 零代码与低代码开发平台 5
    1.2 零代码开发平台的主要功能 7
        1.2.1 解决个性化需求 7
        1.2.2 解决共性需求 25
        1.2.3 提供扩展能力 26

2 零代码开发与企业数字化转型 29
    2.1 企业数字化转型的意义 30
        2.1.1 促进降本增效 30
        2.1.2 提升协同效率 31
        2.1.3 提升管理效率 32
    2.2 零代码开发平台助力数字化转型 32
        2.2.1 "多、快、好、省"的开发工具 33
        2.2.2 为企业数字化转型的参与者赋能 37
    2.3 小结 39

3 引入零代码开发平台 40

3.1 明确业务需求 41
3.1.1 什么是需求 41
3.1.2 收集需求的方式 43
3.1.3 整理需求 51
3.1.4 需求的预处理 53

3.2 平台选型 54

3.3 学习使用零代码开发平台 56
3.3.1 学习的方式 57
3.3.2 学习的步骤 58

3.4 搭建系统 60
3.4.1 系统架构设计 60
3.4.2 表单设计 63
3.4.3 建立表单间关系 67
3.4.4 数据看板设计 71
3.4.5 测试及上线 74

3.5 在组织内推广 75
3.5.1 领导的作用 75
3.5.2 寻找合适的切入点 76
3.5.3 培养数字化思维 76
3.5.4 和用户一起迭代 77

3.6 保障信息安全 78
3.6.1 零代码开发平台的信息安全 78
3.6.2 企业系统的信息安全 79

4 零代码开发平台在典型业务场景中的应用 81

4.1 零代码 CRM 系统 82
4.1.1 CRM 模板简介 83
4.1.2 CRM 模板应用案例 90

目录 | XIII

4.2 零代码 SRM 系统 93
 4.2.1 SRM 模板简介 94
 4.2.2 SRM 模板应用案例 103

5 零代码开发平台的典型行业应用 107

5.1 在建筑行业的应用 108
 5.1.1 建筑企业的痛点 108
 5.1.2 建筑行业模板 111
 5.1.3 建筑行业典型案例 125

5.2 在制造行业的应用 130
 5.2.1 制造企业的痛点 130
 5.2.2 制造行业模板 134
 5.2.3 制造行业典型案例 146

6 企业零代码开发实战案例 152

6.1 科林电气：生产管理者也能自主搭建数字化系统 153
6.2 某装饰科技集团：零代码实现多业态集团的业财一体化管理 157
6.3 江苏省徐州经贸高等职业学校：零代码构建智慧云校，实现"一人一号、一数一源、一网通办" 164
6.4 六盘水市十七中学：轻松、愉快、高效，推进教育信息化 168
6.5 南京百胜：以零代码应用解决至少 90%的经销管理难题 171
6.6 TATA 木门天津分公司：零代码实现连锁门店的数字化管理 175
6.7 同盟冷链：零代码开发解决冷链企业的管理困局 177
6.8 盛洁源：零代码开发助力农村开展"厕所革命" 182

7 零代码时代的全民开发 187

7.1 全民开发是什么 188
7.2 为什么要倡导全民开发 189
7.3 公民开发者应具备的能力 191

7.4 全民开发实践中的注意事项 193

7.5 全民开发的案例 194

7.6 小结 202

附录 A 名词解释 203

1

零代码开发平台简介

对于绝大多数企业而言，开启数字化转型有一条必经之路，那就是选择一款适合自身业务特色或者发展阶段的业务管理系统，通俗地说就是"上系统"。无论是OA（Office Automation，办公自动化）系统、ERP（Enterprise Resource Planning，企业资源规划）系统，还是CRM（Customer Relationship Management，客户关系管理）系统，不管是在传统企业软件时代，还是如今的SaaS（Software as a Service，软件即服务）时代，这些业务管理系统对于企业提升运营效率都是不可替代的角色。

以往企业"上系统"主要有两种选择。第一种选择是采购成品软件，这种方式能够让企业在较短的时间内用上相对成熟的解决方案，但是只能解决行业或者业务场景下的共性需求，难以满足企业的个性化需求，而且企业只能被动地适应成品软件，需要改变自身现有的管理方式。第二种选择是定制开发，这种方式可以实现企业的个性化需求，但是需要经历从需求调研、系统开发到测试上线的漫长过程，人力和时间成本都相对高昂。

因此，尽管能解决企业"上系统"的需求，但这两种方式都有各自的局限性。同时，随着数字化转型从核心业务到边缘业务、从管理层到基层员工不断推进，企业又提出了更多、更深层次的需求，采用上述传统方式"上系统"，越来越难以平衡成本与效率、通用性与个性化的矛盾。在这样的需求背景下，零代码开发平台作为一种新的"上系统"方式，进入大众视野，因开发效率高、开发体验好而被广泛应用。大量实践也证明，企业IT部门可以借助零代码开发平台加速业务管理系统上线的进程；同时，零代码开发平台让企业管理层、业务人员有机会开发应用，使企业能低成本、敏捷地构建数字化系统。

那么，企业在数字化转型中应该如何运用零代码开发平台开展自助式数字创新呢？零代码开发这种全新的开发模式，又将给企业和企业数字化转型工作带来什么样的改变，创造什么样的价值？本书将从零代码开发平台的定义和发展讲起，结合实战场景和优秀案例，详细介绍这种人人皆可使用的、最快一天之内就能搭建应用并上线的新工具。

1.1 概述

在讲解如何用零代码开发平台开发应用之前，我们首先为读者介绍这个新工具。

1.1.1 零代码开发平台的定义

零代码开发平台（NCDP，No-Code Development Platform），顾名思义，指的是不需要写代码就能够快速开发出业务应用/系统的平台。我们在工作中使用的业务应用，主要提供数据收集、数据处理、数据流转和展示等功能。零代码开发平台能够提供这些常见的功能模块，开发者无须编写代码，仅需要通过鼠标对平台提供的现成功能模块进行拖、拉等简单操作，就可以设计和开发各类业务应用。

对开发者而言，零代码开发平台几乎没有什么技术门槛，不论懂不懂编程，都可以按照自己的意图敏捷地开发应用。因此，零代码开发平台为企业 IT 部门以外的业务人员、不具备代码开发技能的人提供了机会，使他们能开发自己想要的应用，提高工作效率。

虽然零代码开发是近几年才兴起的概念，但其实广义上的零代码理念在个人电脑普及的时代就已显露踪迹——macOS 和 Windows 操作系统使个人电脑的用户不再需要通过代码和计算机交互，只需要用鼠标在可视化界面上进行操作，就可以对计算机下达指令。

零代码开发的萌芽期可以追溯到 20 世纪 80 年代，那时就有人提出了以零代码或者以接近零代码的方式开发应用的观点。为了缩短漫长的产品交付周期，降低开发成本，减少开发过程中因需求发生变化对整个开发进程的影响，开发者们对当时的瀑布式开发模式进行了反思，提出了 RAD（Rapid Application Development，快速应用程序开发）的理念。在这个新理念的指导之下，许多专注于快速迭代的开发工具诞生了，这些工具提供预制的有一定限制的功能模块，降低了对开发者编程技能的要求。

但是，彼时这些开发工具，例如基于 IDE（Integrated Development Environment，集成开发环境）的开发平台、可视化的编程工具等，在使用时仍然需要编写一定量的代码，还不能算完全意义上的"零代码"开发工具，可以将其看作"低代码"开发工具。

随着技术的演进，出现了 Web 服务和云服务：Web 服务实现了应用的分布式访问；云服务用于标准化部署，开发者能直接在云端开发和使用应用。这两类技术不但丰富了低代码开发平台的功能，也为其发展提供了更多的可能性。

此后，新的开发理念和开发工具逐渐被人们接受，开发平台的可视化模型得到了发展，在某些业务场景下，比如业务流程管理，开发者可以更直观、便捷地设计数据的对应关系、流程的模型等。这种进步促使一大批基于模型驱动的低代码开发平台诞生。图 1-1 展示的就是基于模型驱动的低代码开发平台 Mendix 的应用开发界面。这些低代码开发平台进一步降低了开发时需要编写的代码量，可以视为零代码开发平台的雏形。

2014 年国际著名的技术和市场调研公司 Forrester 重新定义了"零代码/低代码"的概念，这一年也成为现代零代码开发平台的元年。此后，零代码开发平台进入了快速发展期，国内涌现出许多厂商和产品。这个时期的零代码开发平台，面向的用户群体已经不仅仅是 IT 人员，其创造了一种全新的开发模式，让 IT 人员、业务人员、管理者都可以很轻松地做开发，尝试自助式地实现自身的数字化需求。

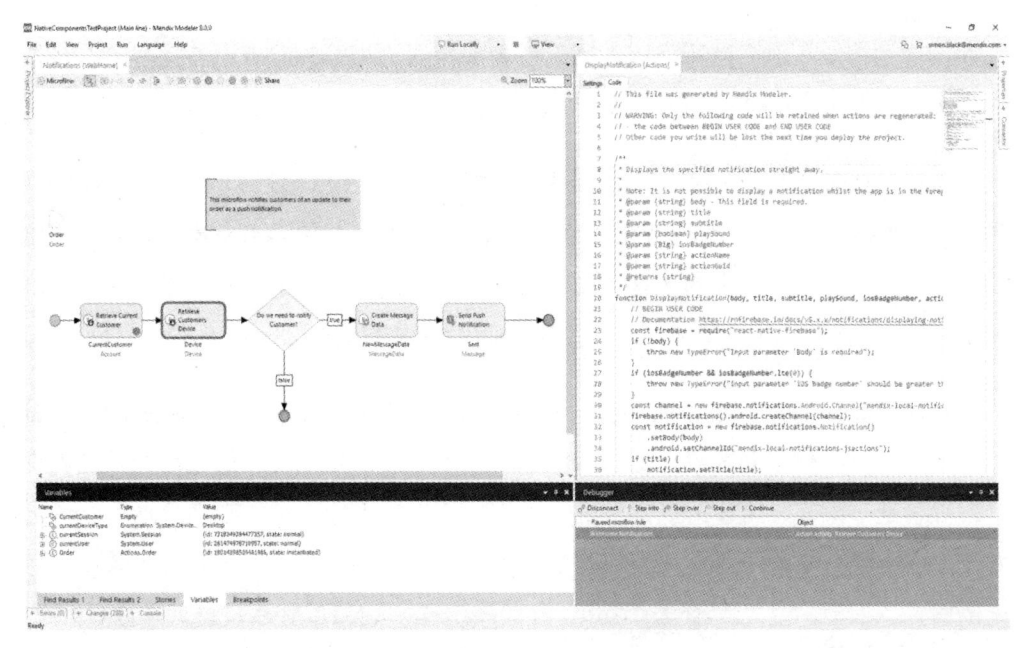

图 1-1 Mendix 的应用开发界面

可以看出，零代码开发由广义的低代码开发衍生而来，得益于技术的进步，零代码开发所需编写的代码量越来越少，开发速度越来越快，零代码开发平台成为各类人群都可以使用的应用开发工具。在企业和组织全面推进数字化转型的今天，零代码开发的兴起正在挑战和逐渐替代传统的开发模式，使更多人有机会参与这个历史性的进程。

1.1.2 零代码与低代码开发平台

在零代码开发平台的发展过程中，低代码开发平台一直是绕不开的话题，"零代码"与"低代码"这两个词也常常一起出现。相信很多读者在看到它们后都会产生疑惑，两者有何区别，作为开发者又该如何选择呢？

低代码开发平台（LCDP，Low-code Development Platform），指的是通过可视化的方式，编写少量代码即可快速搭建各种应用的平台。低代码开发平台同样为用户提供了用于开发应用的图形化用户界面，无须像传统编程那样编写大量代码，仅在一些特定的情况下需要编写代码；其支持的编程语言中既有专有语言，也有常规的编程语言，JavaScript 是低代码开发平台支持的最流行和最常用的语言之一。

　　从技术原理上来说，零代码和低代码开发平台都是通过封装好的代码块来实现预制的功能的，就好比为开发者提供了各式各样的"积木块"，开箱即用，直接用它们来搭建应用。两者最大的区别已经生动地体现在其名字里了——在搭建应用的过程中，一个无须编写代码，另一个则需要编写少量代码。

　　零代码开发更加标准化，但是其所能搭建的应用也受开发平台提供的功能限制，也就是说，只能使用开发平台提供的固定"积木块"搭建应用。低代码开发则允许开发人员通过编写一定量的代码来弥补已有"积木块"的不足。当然，这些新的自定义"积木块"必须与开发平台原有的"积木块"匹配，所以在开发时必须使用特定的语言、框架、模式或 SDK（Software Development Kit，软件开发工具包）。

　　在实际应用中，零代码和低代码开发平台最显著的区别就是它们面向的用户人群不同。零代码开发平台的用户既有 IT 人员，也有大量来自企业业务部门和管理部门的非专业开发者，而低代码开发平台主要面向的是 IT 人员。表 1-1 对这两类平台进行了对比，读者可以根据自身需求选择相应的平台。

表 1-1　零代码开发平台 vs. 低代码开发平台

	零代码开发平台	低代码开发平台
用户群体	IT 人员、业务部门和管理层的非专业开发者	IT 人员
适用企业	希望搭建或改进非核心业务系统的大公司，希望自主开发业务系统的中小型公司、外包服务公司	能够投入较多研发和服务资源的大型公司
技术门槛	较低，无须具备编程知识，简单学习平台的使用方法即可上手	较高，需要一定的编程知识
代码编写量	无须编码	在特定的情况下需要少量编码
开发速度	由于无须编写代码，开发速度比低代码开发模式更快	与传统开发模式相比，开发速度有大幅提升，1 周左右就能搭建简单的业务系统
可拓展性	一般，可通过 API（Application Programming Interface，应用程序编程接口）与其他系统对接	较高，能扩展系统功能

零代码和低代码并非两个割裂的概念，有时候在媒体文章中，这两个词会被混用。这两种开发模式的本质都是以 PaaS（Platform as a Service，平台即服务）的方式，建立模型，以图形化界面来实现应用的可视化开发，并尽可能地减少手动编码，加快应用的落地与使用。

本书将聚焦于零代码开发平台，为读者介绍这个帮助企业创新，提升全民应用开发能力的实用工具。

1.2 零代码开发平台的主要功能

零代码开发平台能帮助企业实现业务场景中数据的收集、分析与展示等需求，搭建诸如 CRM、进销存、工程项目管理、生产制造管理、人事管理、OA 等系统，也可以帮助企业迭代或升级原有的数字化系统，增加功能，满足不断变化的数字化需求。

企业的需求可以分为个性化需求、共性需求，以及将应用向其他系统延伸的需求，零代码开发平台提供了相应的功能来满足这三类需求。

1.2.1 解决个性化需求

个性化需求是指企业自身的业务场景产生的需求。世界上没有两片相同的树叶，大到生产流程管理，小到财务报销，每个行业、每家公司开展业务和内部管理的方式都不一样。尽管现在面向企业的服务软件几乎涵盖了各种业务场景，然而在对企业用户的调研中我们发现，企业在使用这些成品软件的过程中遇到了各类痛点，因为企业自己的业务逻辑和成品软件的功能逻辑不尽相同；而如果企业选择在成品软件的基础上做二次开发，或者干脆直接定制开发系统，则会耗费大量的财力和时间。

为了解决这些个性化需求，零代码开发平台提供了种类丰富的功能"积木块"。开发者无须编写代码，就能像搭积木一样搭建出系统。本节将为大家一一介绍这些功能。

表单引擎

表单引擎可以满足企业收集数据的需求，是零代码开发平台中使用得最多的功能。表单是数据的载体，是所有零代码应用的基础。使用表单引擎，可以搭建个性化的数据收集应用，发布给相关用户填写信息，并对收集来的数据进行管理。通过表单引擎，企业能够实现包括调查统计、在线报名、上报销售业绩、会议预约、采购管理、订单录入、扫码签到等场景应用。下面我们按照设计表单、发布表单、管理表单/数据的顺序来介绍表单引擎，这也是使用表单搭建应用时所遵循的典型步骤。

1. 设计表单

在零代码开发平台上，表单设计能通过可视化操作来实现。平台会提供包含单行/多行文本、数字、日期时间、单选/多选按钮组、地址、图片、定位等多种属性的字段（参见图1-2），有的零代码开发平台还会额外提供诸如OCR（Optical Character Recognition，光学字符识别）、手写签名等高级字段，以便用户收集更多类型的数据。

图1-2　表单设计中的各种属性字段

设计表单时，可以自定义表单布局，合理安排字段位置，提高表单界面的使用效率及用户填报数据的效率。表单引擎同时适配 PC 与移动设备的显示屏，方便用户随时随地录入数据（如图 1-3 所示）。

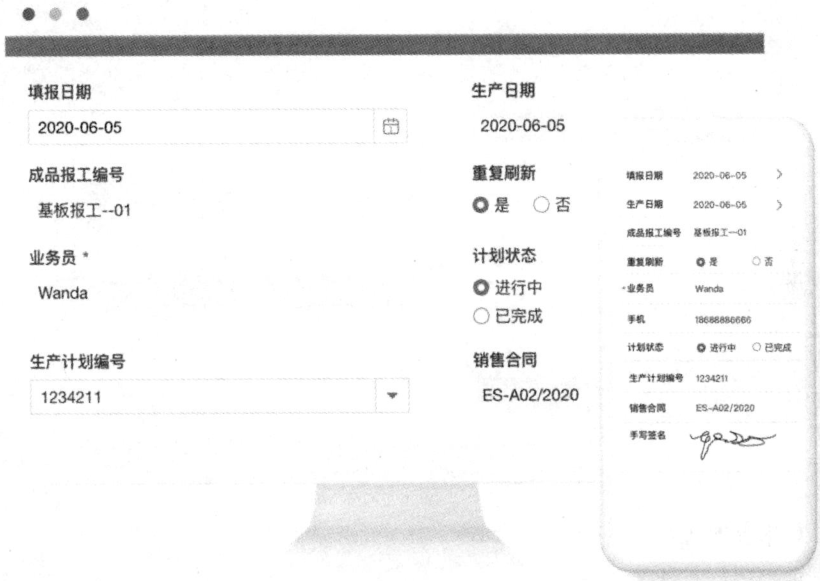

图 1-3　在 PC 端和移动端显示表单

在实际业务场景中，有些工作必须及时处理，如有延误可能给企业带来损失或造成管理上的混乱，比如销售订单成交后应及时上报，即将到期的合同必须尽快处理，每周按时提交周报、召开周例会等。零代码开发平台提供了智能提醒的功能，可以设置"新数据提交时提醒""数据修改后提醒""自定义时间提醒""根据表单内日期时间字段提醒"等不同种类型的提醒（如图 1-4 所示），涵盖了丰富的业务场景。

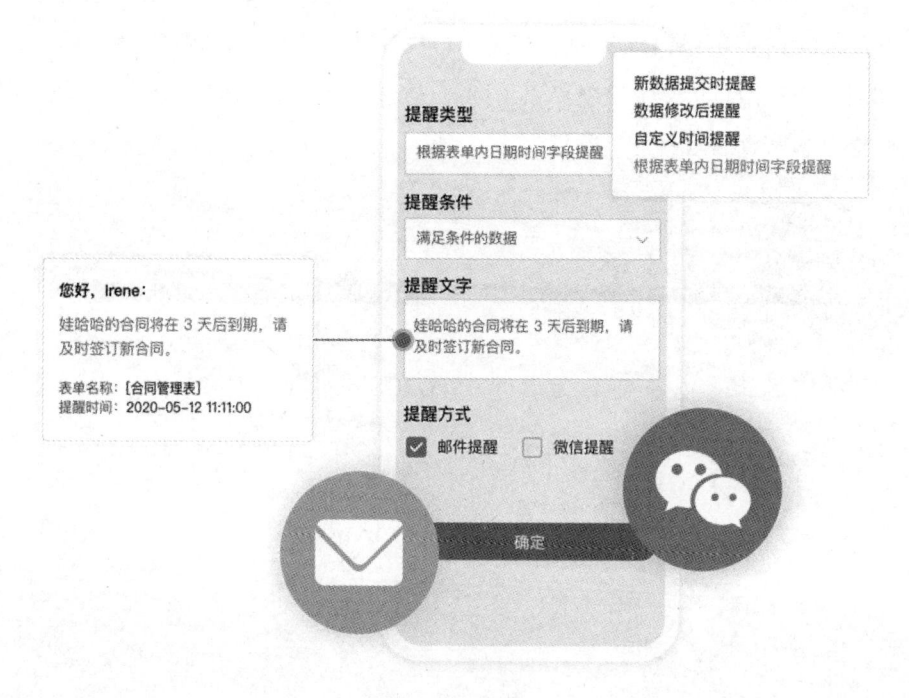

图 1-4　智能提醒

2. 发布表单

表单设计完以后，就可以发布出去收集数据了。企业可以将表单发布给内部的成员，也可以通过外链的形式对外发布。

通过表单引擎既可以实名也可以匿名收集数据。例如在企业内部收集数据时，需要记录是谁上传了数据，表单可以自动收集上传者的信息，提高效率。考虑到有的人可能希望匿名提交数据（比如填写调查问卷时），也可以在表单中进行设置，允许匿名提交。图 1-5 所示的就是一份匿名提交的表单，市场营销部的两位员工选择了匿名提交，数据收集者看不到他们的名字。

图 1-5　匿名提交表单数据

3. 管理表单/数据

　　表单引擎提供了表格视图、看板视图、画廊视图、日历视图、甘特图视图等多种观察视图，以便以不同形式查看和管理表单数据。图 1-6、图 1-7、图 1-8 展示的分别是表单数据的表格视图、看板视图和画廊视图，可以用于不同的表单展示场景。表格视图是数据展示效率最高的一种视图，适合一次性查看多条数据；看板视图适合分组展示数据；画廊视图以卡片的样式展示数据，适用于展示产品资料、项目资料等场景。

图 1-6 表单数据的表格视图

图 1-7 表单数据的看板视图

图 1-8　表单数据的画廊视图

零代码开发平台还支持自定义打印表单，可以设计打印的样式和适用范围，实现套打。图 1-9 展示的就是该功能的典型应用场景——销售合同的套打，定义模板之后，每次打印合同时填写对应的销售信息即可。

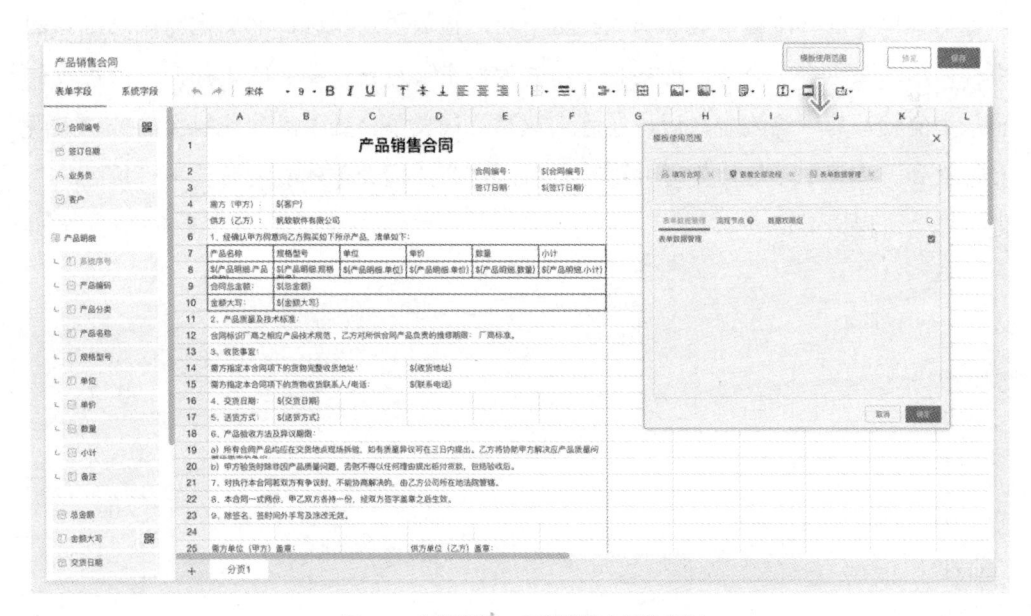

图 1-9　定义模板，实现销售合同的套打

流程引擎

流程管理是企业管理中非常重要的一环，大到事务决策，小到办公物品的申领，都要遵循相应的流程。企业中的流程可以分为管理流程和业务流程。管理流程可以固化员工在业务活动中积累的有用经验，指导后来者的工作。这样即使优秀员工离开这个岗位，其高效的工作方式也能以流程的形式保留下来得以复用。业务流程是面向客户的流程，优化业务流程，能增加产品和服务的价值，比如为客户提供线上的维修申请、下订单等流程，可以提高业务处理的效率，降低成本。

通过零代码开发平台的流程引擎功能，企业可以设计符合自身业务逻辑的流程，并对流程中信息的流转路径进行管理和分析。

1. 流程设计

在零代码开发平台上，流程的设计是以表单为基础的，相当于让一张带有各种信息的表单在相关处理人之间流转。如图 1-10 所示，在流程设计界面，只需要使用鼠标将菜单中的"流程节点"和"抄送节点"拖放至工作区，然后像绘制思维导图那样，用箭头将一个个节点连接起来，并为每个节点设置相应的责任人，即可设计出一个流程。启用该流程之后，发起人填写流程表单，处于流程连线上的处理人就会接收到流程表单，等他处理并提交之后，这张流程表单就能流转至下一位处理人处，直至流程结束。

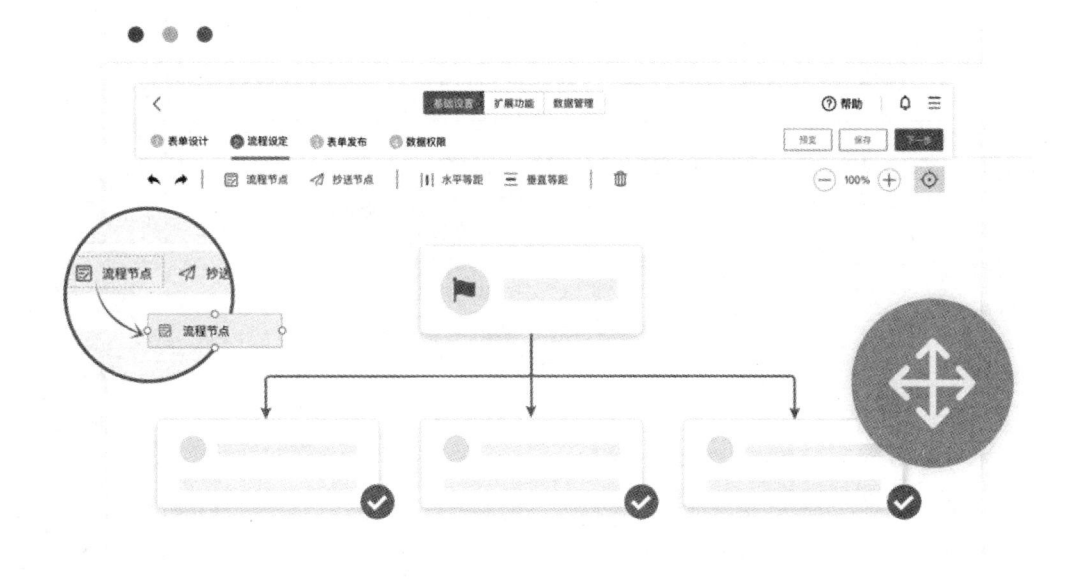

图 1-10　流程设计界面

2. 流程管理

流程管理的目的是确保流程中的所有环节都被纳入管理，避免流程表单在某个处理人处停留的时间过长，延误工作。在流程引擎中，可以对节点设置限时处理（如图 1-11 所示），即设置节点的截止时间，在截止时间前后还可以设置自动提醒；当超过截止时间一定时间之后，可以让流程表单自动提交或者回退，确保事务能按照预期推进。

图 1-11　节点限时处理

3. 流程分析

　　发起流程之后，管理员可以在后台查看流程表单已流转到何处、哪些流程表单还在处理中，监控流程进度。除此之外，有些零代码开发平台还提供了 BPA（Business Process Analysis，业务流程分析）工具，为调整、优化业务流程提供数据依据和支撑。通过分析业务流程，可以了解流程表单的整体流转情况，并详细了解流程表单的平均处理时间、流程中各环节处理人的平均处理时间、待办流程数量、各环节处理人的待办流程数量，以及其他分析维度的更细粒度的数据。

　　对于企业管理者，BPA 使其能够了解企业中所有流程的运转情况和员工表现；对于员工，BPA 为其提供客观详尽的工作表现记录和个人 KPI 完成情况，以便自我检查，明确后续改进的方向。企业内的特定用户还可以根据自身的分析需求，灵活搭建多维度流程分析看板。比如，管理员可以自定义 BPA 看板，如图 1-12 所示。

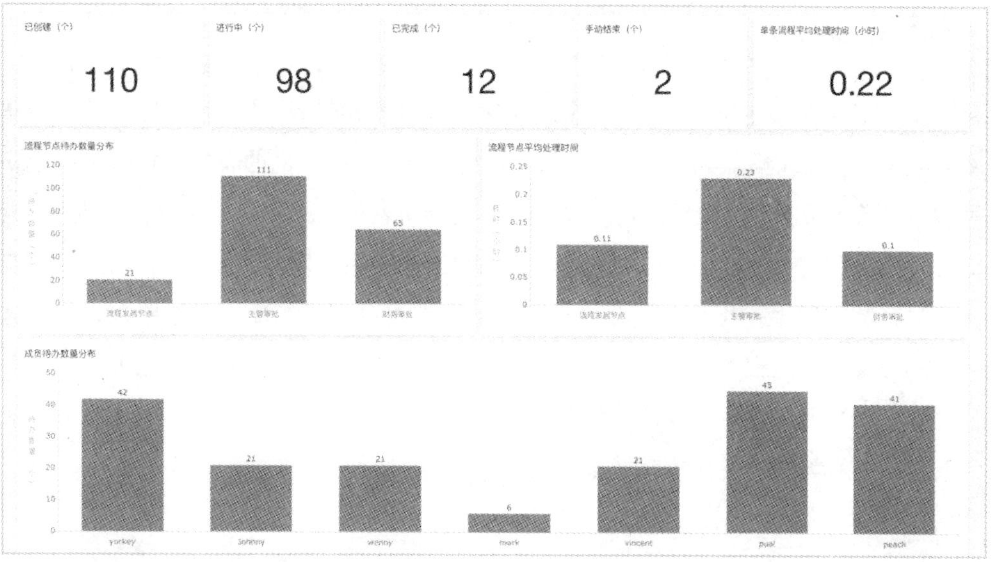

图 1-12　自定义 BPA 看板

数据加工引擎

将数据收集起来之后，还需要经过分析才能充分挖掘出其中的价值。然而，并非所有原始数据都是可以直接使用的，很多时候需要先剔除无用数据，再整合从多个渠道收集来的数据。因此，有一道环节必不可少，那就是对数据的加工。

零代码开发平台的数据加工引擎提供了一系列功能，用于在不同应用间调用数据，以及进行其他更复杂的数据加工。

以 ETL（Extract-Transform-Load，抽取、转换和加载）场景为例，我们知道，在企业数据分析项目中，ETL 指的是对收集来的原始数据进行一系列处理，将其加工成便于后续使用和分析的数据，这是非常重要的环节。ETL 是数据分析的基础，但是需要通过编程来实现，或者购买专门的工具来协助完成。零代码开发平台提供了无须编写代码的数据处理工具，可以对已有表单数据进行基础的数学计算，还可以进行字段拼接等复杂操作。

下面用两个案例分别展示数据加工引擎中的数学计算和字段拼接处理功能。

数学计算

在进销存管理系统中，要对采购、入库、退货的商品数量进行运算，才能得出库存数量。但是采购、入库、退货的数据往往来自 3 张不同的表单，如果要搭建实时的库存数据看板，就需要先利用数据加工引擎在表单之外建立一个存储数据的“仓库”，可以理解为把一张或者多张表单聚合起来的“聚合表”。当入库、出库和退货表单中有数据发生变化时，这个“仓库”的数据也会同步更新，并按照预设的公式（例如，库存=入库数量+退货数量-出库数量）进行数学运算。这样，“仓库”里就有了“库存”数据，这些计算出来的数据可以在数据看板上展示。图 1-13 展示的是利用数据加工引擎的数学计算功能整合的表单。

< 采购-入库-退货统计

保存

产品编码	产品分类	产品名称	规格型号	单位	采购数量	已入库数量	退货数量	库存数量
0011	茶类饮料	娃哈哈冰红茶柠檬味500g*15瓶装整箱夏季清凉茶饮品饮料	500g*15瓶	箱	100	100	20	80
0005	包装饮用水	娃哈哈 纯净水饮用水 4.5L*4桶 整箱水	4.5L*4桶	箱	200	200	0	200
0006	包装饮用水	娃哈哈 纯净水饮用水 596ml*24瓶 整箱水	596ml*24瓶	箱	120	120	0	120
0008	果蔬汁饮料	汇源1L果蔬汁 早餐100%复合果蔬汁 1LX4盒 礼盒 果蔬汁饮料礼盒	1LX4盒	箱	200	200	25	175
0002	功能饮料	脉动（Mizone）椰子菠萝口味 维生素饮料 600ml *15瓶 整箱装	600ml *15瓶	箱	55	53	0	53
0010	包装饮用水	娃哈哈蓝色瓶苏打水弱碱性水生活饮用水饮料350ml*12瓶	350ml*12瓶	箱	100	100	30	70
0001	功能饮料	脉动（Mizone）青柠口味 维生素饮料 600ml *15瓶 整箱装	600ml *15瓶	箱	40	35	0	35
0009	果蔬汁饮料	汇源 果汁饮料100%桃汁200ml*24盒桃汁 整箱	200ml*24盒	箱	130	130	0	130
0007	果蔬汁饮料	汇源 果汁 100%浓缩纯果汁 苹果汁 200ml*24盒 整箱	200ml*24盒	箱	150	150	10	140

图 1-13　利用数学计算功能整合的表单

字段拼接

某制造企业的人事部门计算工人的工资。按照该企业的工资计算规则，工人的工资由两部分组成：产量工资与出勤奖励。产量工资是根据生产日报中记录的产量来计算的，而出勤奖励则需要根据考勤记录中的信息来判断工人是否可以获得。因此，人事部门在计算工资时，需要将工人的产量和考勤两部分数据整合到一起，再进行汇总计算。通过数据加工引擎的字段拼接功能，可以将不同的业务表单拼接成一张新表，得到需要的数据，以便进一步计算工人工资（如图 1-14 所示）。灵活使用字段拼接功能，还可以实现销量自动计算、多渠道订单管理、工龄自动计算等。

图 1-14　计算工资时的字段拼接处理

使用数据加工引擎实现上文介绍的字段拼接时，只需在操作界面上对数据流和数据处理组件进行拖、拉和连线等操作（如图 1-15 所示），即可得到想要的结果表单。

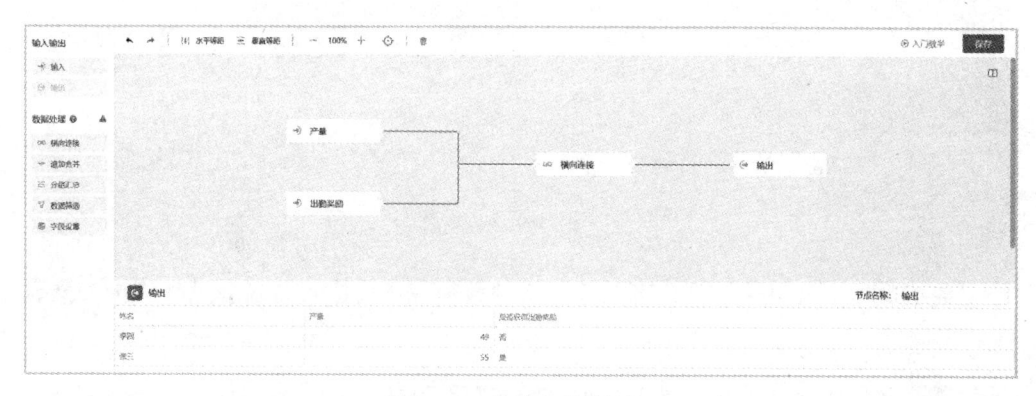

图 1-15　可视化的字段拼接

数据报表引擎

完成数据的收集和加工之后，就可以将其展示出来。可视化的数据报表有利于企业发现实际业务中的规律和存在的问题，做出有针对性的调整。

使用零代码开发平台的数据报表引擎，只需要简单的鼠标操作，即可设计出数据展示看板。数据报表引擎提供了柱形图、条形图、折线图、面积图、雷达图等各种基础图表类型,有些优秀的零代码开发平台还提供了地图、甘特图等高级的图表类型。在有些厂商的平台中,数据报表引擎也被称为仪表盘(图1-16所示为仪表盘编辑界面)、数据报表、数据管理驾驶舱等,它们都能自由组合图表,展示数据。数据报表引擎可以设置查看权限,灵活控制哪些人能看到哪些数据,确保重要信息不泄露,保证企业的信息安全。

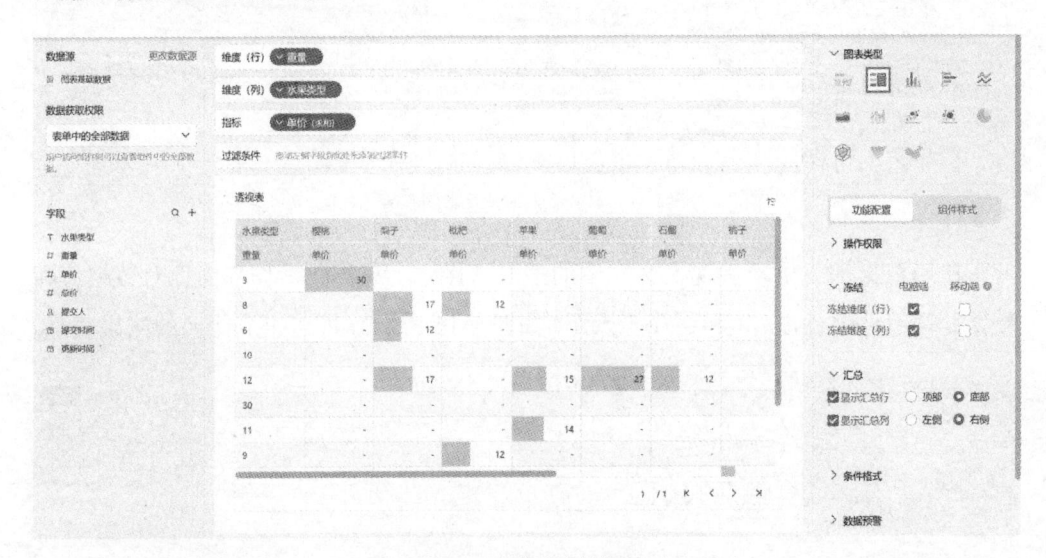

图1-16 仪表盘编辑界面

使用数据报表引擎,不仅可以查看实时数据,还可以设置对异常数据的智能预警。当数据出现异常时,应用能第一时间向负责人推送消息。某大型钢铁企业利用零代码开发平台开发了一个对生产车间内的有害气体进行监测和预警的应用。该企业原先对有害气体的监测和报警方式,是派专人在一个控制室内看守报警系统,发现隐患就立即打电话通知相关负责人处理。现在则可以在应用中设置数据预警提醒,车间内的环境数据被上传到应用中,一旦触发预警条件,报警消息就会被立即推送给相关负责人。报警消息的触达时间大幅缩短,而且直接为企业节省了一个人力。

系统权限管理

系统权限管理包括角色管理、组织架构管理和用户管理等,是企业数字化系统必备的基础功能，合理的权限管理可以限制系统的使用者只能在自己的职权范围内开展业务活动，以及获取其有权限查看的数据和信息，防止发生跨级与越权行为，保证内部的信息安全。例如，某些销售数据只有销售部门有权查看；对于财务数据，除了财务部门，其他部门无权查看等。

系统权限管理功能使企业能够管理内部员工和外部合作伙伴的操作权限。

1. 内部协作权限管理

企业内部协作的权限管理体系可以从管理员、组织架构、成员、角色等维度进行设计。

对于企业的内部系统而言，权限管理中的管理员指的是系统的维护者和管理者，大部分情况下也是系统创建者。管理员可以分为系统管理员和普通管理员。系统管理员可以管理组织架构中的所有成员和所有应用，而且能对普通管理员授权、设置权限和分组管理。而普通管理员则只能根据被授予的权限，对其权限内的部门成员和部分应用进行管理，而且其只能由系统管理员或系统创建者授权。

这种管理员体系的设定能够满足多人管理系统及内部分工的需求。大多数零代码开发平台都支持有多个系统管理员和更多的普通管理员的管理员体系，如图 1-17 所示。

组织架构是企业内流程运转、部门设置及职能规划等最基本的结构依据。企业管理员可以依据组织架构对使用零代码应用的成员进行管理。如图 1-18 所示，使用零代码开发平台可以根据实际需求把企业的组织架构搬到线上，将部门作为成员的集合，规划出一个个部门，设置相应的部门主管，在部门之下还可以设置子部门。建立部门之后，再向其中添加成员，完善组织架构。当成员因为离职、调动、转正等出现角色变更的时候，就可以依据自己在组织架构中的位置，将手中的工作和权限交接出去，包括待办的流程、表单、数据看板及各类数据权限等。相比于传统的线下交接，这种线上交接形式的便捷性和效率都大大提升。

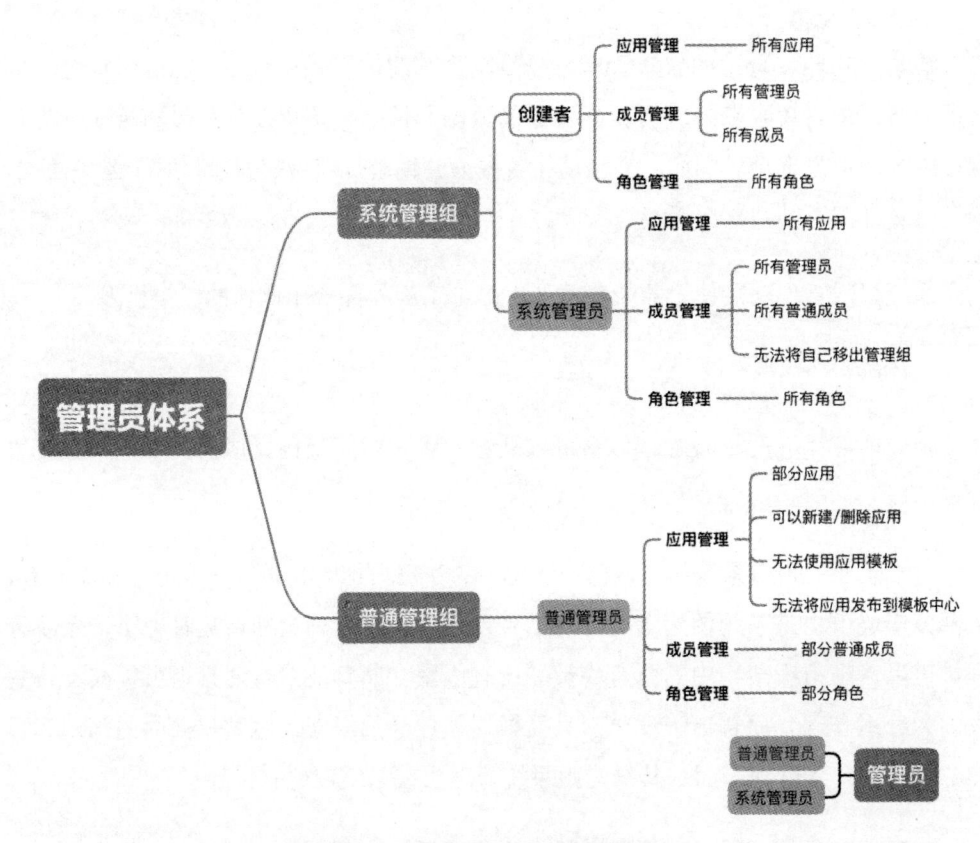

图 1-17　零代码开发平台的管理员体系

图 1-18　线上管理组织架构

基于组织架构，管理员可以在搭建应用的过程中设置相应的权限，即各个部门、各位成员分别有权执行哪些操作。管理员可以对每一张表单和表单中的每一个字段设定权限：对表单内数据的查看、添加、复制、编辑、删除、批量打印、批量修改、导入、导出，以及调整流程负责人、结束流程、激活流程等操作设置权限，还可以设置表单内每一个字段是否可见和可编辑。

在企业日常的经营活动中，经常会出现需要跨部门协作的情况，比如销售合同需要财务、法务、销售等多个部门的负责人会签。为了满足这种协作需求，一些零代码开发平台在组织架构中设计了"角色设置"功能（如图1-19所示）。可以设置若干"角色"，并将来自不同部门的几位成员设置为同一"角色"，每个成员都可以有多个"角色"。如果某个流程需要跨部门的多人审批，管理员在设计流程节点时选择相应角色，就可以实现这些审批人同时审批了。

图1-19 设置角色

1. 外部协作权限管理

企业在经营过程中或多或少都需要与外部组织打交道，比如供应商、经销商等。这些合作方并不在企业的组织架构内，企业无法在自己开发的应用中与其协同办公，只能通过即时通信工具、邮箱、Excel甚至纸质文件与合作方协作；而将外部人员拉进内部系统，又会给权限管理带来风险，也会使应用内的权限分配工作变得十分棘手。

有的零代码开发平台提供了企业互联功能，帮助企业与外部组织建立互联体系，实现内外协作的权限管理，解决了上述痛点。图 1-20 展示的就是企业管理自身对接人的界面。在企业互联体系下，外部的合作方也能使用企业搭建的内部应用协同办公。

图 1-20　管理我方对接人

企业互联功能提供了独立的外部通讯录及权限管理体系，为企业与外部组织的沟通、协作及信息交流提供了有力支撑，使企业与上下游伙伴、合作单位、母/子公司等的协作高效、安全、顺畅。

在企业互联体系中，由于外部组织有独立的通讯录体系，因此企业可以很方便地为其设置权限，对外部组织填报、查看和修改数据，以及审批等操作权限进行管理，因此不必担心企业的内部机密被泄露。

零代码应用一般可以与钉钉、企业微信、飞书、微信等常见线上协作平台集成，因此在企业互联体系中的各方可基于不同平台协作。为了方便实时协作，企业互联功能也适配移动端。例如，可通过短信、微信、钉钉等发送消息提醒成员查看或处理相关业务，成员在移动端查看消息并及时处理，大大提高了协作的效率。

1.2.2 解决共性需求

共性需求指的是行业或者业务场景中普遍存在的，或者是约定俗成的工作方法所产生的需求。尽管不同企业的管理方式会有所不同，但是相同行业、相同业务场景的底层逻辑是一样的。比如，几乎所有企业都需要使用 CRM 系统，而且 CRM 系统都要提供市场获客、线索分配、客户跟进、商机管理、商务过程、售后管理这些功能。零代码开发平台对这些需求进行整合，提供了开箱即用的应用模板。

通常，零代码开发平台都会提供一个如图 1-21 所示的模板中心，其整合了各类场景模板、行业模板。场景模板聚焦的是单个业务场景应用，如考勤、售后管理等；行业模板则可以看作该行业中一些通用场景应用的集合，如制造业特有的 MES（Manufacturing Execution System，制造执行系统）、BOM（Bill of Material，物料清单）系统等。

图 1-21 模板中心

模板中心提供的都是"开箱即用"的应用模板，对于一些具有通用性的垂直场景需求，可以直接使用这些模板，也可以借助零代码开发平台的基础功能对模板进行个性化修改，节约企业从零到一搭建应用的时间。在本书第 4 章中，我们将通过实例详细介绍两种通用场景需求的解决方案。

1.2.3 提供扩展能力

利用零代码开发平台搭建的应用往往只是企业数字化体系中的一部分，企业通常还拥有其他的数字化系统，自然就会产生将这些零代码应用向外延伸，与其他系统集成、对接的需求。例如，学校、医院这样的大型组织往往之前就具备统一的门户平台，它们通常会希望将零代码应用嵌入已有的系统，打通登录、信息流转等环节的壁垒。零代码开发平台提供了扩展能力，可以实现这些需求。

API 与 Webhook

谈到扩展能力，零代码开发平台和低代码开发平台的边界就变得模糊起来，因为一些零代码开发平台也会提供一定的自定义开发能力，比如支持 API 和 Webhook，从而实现零代码应用与其他系统的数据交互。正如前文提到的，零代码和低代码并不是割裂的，重要的是帮助开发者提升开发效率。

API 提供了整合零代码应用内外部数据的简单途径。零代码开发平台的厂商会提供系统接口、数据接口、通讯录接口、消息接口、流程接口等丰富的接口体系。开发者可以通过表单接口和数据接口将外部系统更新的数据写入零代码应用，也可以在外部系统中查询零代码应用的数据，使得企业内各系统的数据协同处理更加方便。

Webhook 是通过自定义回调函数的方式来改变 Web 应用的一种方式。配置 Webhook 后，可以使一个网站上的事件调用在另一个网站上表现出来，因此，Webhook 常用于数据推送、消息推送等场景。当零代码应用中的数据被修改或删除时，可以通过 Webhook 将信息推送到相关的第三方系统中。

通过 API 与 Webhook，企业可以将零代码应用与其他系统对接，打通二者间的业务流程与数据通路。比如，有些企业和组织前期已经使用了 ERP、MES、OA 等系统，然而随着数字化转型逐渐深入，它们发现原有系统无法完全满足现在的业务需求。这个时候不少企业会选择二次开发，但事实上，代码级的二次开发带来的不仅是金钱和时间成本问题，也加大了后期系统维护与升级的风险。借助零代码开发平台提供的 API 及 Webhook，企业可以直接搭建新的应用，然后将原有系统和新应用打通，这样就可以在不进行二次开发的情况下，对原有系统的功能进行一定程度的补充和完善。

插件

对于不具备编码能力的开发者，零代码开发平台也提供了不需要编写代码就能实现应用向外延伸的方式——插件。很多人都使用过谷歌浏览器，其最大的优势就是支持数量繁多的插件。尽管谷歌浏览器本身只能实现浏览网页之类的基础功能，但是用户能通过安装各种类型的插件，实现广告拦截、图片保存、高级翻译等谷歌浏览器本身不具备的功能。

如图 1-22 所示，零代码开发平台也提供了各类插件，不具备编码能力的开发者可以直接安装和使用。安装插件就相当于获取了一段已经写好的代码，只需要配置一些基本参数并将插件安装在指定的位置，插件就能自动工作了。零代码开发平台的插件可以来自平台官方，也可以来自有开发能力的用户或第三方开发服务商，极大地丰富了平台的适用场景，拓展了平台功能的边界。借助插件，不具备编码能力的开发者在其应用中也可以实现诸如在线支付、电子签章等企业管理流程中常见的高级功能。

图 1-22　零代码开发平台上的各类插件

受篇幅所限，本节仅介绍以上两类扩展能力，关于更多的扩展能力，可以登录零代码开发平台厂商的官网查看。零代码开发平台正处于快速发展的阶段，未来平台厂商将提供更多预制的"积木块"功能，帮助企业和组织提升业务和管理效率，灵活地搭建各类业务管理应用，实现自助式创新。

2

零代码开发与企业数字化转型

数字化转型无疑是当前 to B 领域最热门的话题。不论是国家在《"十四五"促进中小企业发展规划》和《"十四五"数字经济发展规划》等文件中做出的战略部署，还是广大企业掀起的变革浪潮，都将人们对数字化转型的关注推向了前所未有的高度。

纵观前三次工业革命，人类社会每一次生产方式的变革都离不开新型工具的支持，新型工具也会从生活方式、组织和商业模式等方面全面推动社会跃迁。那么，在这场"数字化"革命中，企业应该如何选择新型工具，实现新的突破？第 1 章所介绍的零代码开发平台在企业数字化转型中又扮演着怎样的角色？本章将从企业数字化转型的意义出发，探讨零代码开发平台如何帮助企业解决各式各样的问题，推进数字化转型。

2.1 企业数字化转型的意义

数据已成为驱动经济与社会发展的关键生产要素，推动实体经济的发展模式及生产方式的深刻变革，世界经济数字化转型是大势所趋。对企业发展而言，数字化转型已不是"选择题"，而是关乎生存和长远发展的"必答题"。

数字化转型对企业来说到底有什么好处？本节将从促进降本增效、提升协同效率、提升管理效率等三个方面，详细讲述企业数字化转型的意义。

2.1.1 促进降本增效

数字化转型带给企业最显著的价值就是降本增效，这也是企业数字化转型最直接的目标和诉求。

例如，物流企业借助自助出/入库系统，利用智能配货机制，可以减少对人工的依赖，提高货物出/入库的准确率，进而更好地把握销售机会，降低货物的损耗等。

这样的数字化系统不仅释放了人力，节省了时间，避免了因人工操作失误带来的额外成本，还降低了对人员的技能要求，进而帮助企业降低了人员的工资成本和招聘难度。

除了通过提高流程运转效率的方式促进企业降本增效，数字化转型还能帮助企业整理、存储和分析业务中产生的数据。通过这种方式，企业也能实现降本增效。以往，企业中的数据没有得到很好的利用。原始数据要从纸质单据手工录入 Excel，错误时有发生，而且数据的录入和统计需要时间，因此企业管理者在做决策时，很难获取实时、准确的数据作为依据。但是，数字化转型使企业能借助合适的数字化系统，实现数据的全量、全要素采集；企业对这些数据进行分析后，就能够更好地知晓用户需要和希望得到什么样的商品和服务，从而优化经营方式，实现降本增效。

当然，我们在看到数字化转型带来的显著效益时，也需要注意：一套数字化系统在投入使用之前必须经过漫长的需求调研和开发过程，短则数月，长则数年，这种前期的高额成本（时间、金钱）投入对于很多企业，尤其是中小企业来说，将是一个巨大的负担，而且数字化转型在短期内很难有立竿见影的效果，需要做好长期投入的准备。

2.1.2 提升协同效率

2.1.1 节提到，企业数字化转型最直接的目标和诉求是降本增效，这是企业的经营者或者管理层所关注的事情，而对于一线员工和企业的外部合作伙伴来说，他们所关注的则是数字化转型能否带来协同效率的提升。这里的协同可以分为对内、对外两个场景。

在对内的协同场景下，数字化转型能够帮助解决企业内部信息沟通效率低、流程审批耗时耗力等办公体验上的痛点，让员工能更及时地处理工作，减少浪费在等待上的时间，工作更高效。对管理者来说，数字化转型能够改善他们的管理体验，使他们能实时掌握企业中各业务开展的情况，运用各类数据辅助决策。

在对外的协同场景下，企业面对的是供应商、经销商、合作伙伴、监管单位等角色。数字化转型可以提升双方的协作办公效率，因为数字化系统使得信息更加透明，帮助企业和协作者之间建立高度互信的关系。

2.1.3　提升管理效率

在传统模式下，企业管理更多的是依靠"人治"，很容易导致生产和办公效率低下、高层经营决策失误的情况。

数字化转型改变了管理逻辑，把企业内的流程搬到线上，将数据可视化，全方位提升企业管理效率，并降低了管理的难度，让企业在一定程度上实现自运营。

数字化转型使许多重复、繁杂、容易出错的任务由软件来完成，员工将有更多时间思考，进行创新或改进业务，工作更有热情，成果也会随之而来。反过来，员工的自我提升又能降低企业管理成本，增加企业人力资源价值，形成正向循环。

但是，要避免数字化转型的成果只服务于管理层，因为这样很容易导致转型不彻底，也要避免脱离具体业务，导致一线员工感受不到数字化转型带来的便利，这样将难以调动他们的积极性，使企业数字化转型项目无法推进，或流于形式，最终转型失败。

2.2　零代码开发平台助力数字化转型

企业的数字化转型不是一蹴而就的，不仅要从业务流程、组织架构等方面进行调整，还要培养员工数字化意识，建设配套的企业文化及制度。

我们对一些数字化转型较为成功的企业进行调研，发现了一条具有共性的路径：首先选择一款易用性较高的数字化工具在企业内部推广，然后鼓励一批积极分子用起来，由他们带动更多的员工接受并使用数字化工具，最后围绕"如何用好数字化工具"培养员工的数字化意识,建设企业文化。

可以看到,成功的第一步是选择一款合适的数字化工具。所谓好的开始是成功的一半,一款合适的数字化工具在一定程度上可以作为杠杆的支点,撬动整个企业的数字化转型。

2.2.1 "多、快、好、省"的开发工具

此前,企业要构建数字化系统,通常只有两种选择:自主开发或购买标准化产品,但是如今还有第三种选择,即基于零代码开发平台开发企业应用。表2-1对这三种方式进行了比较。

表2-1 三种方式的对比

对比项	自主开发	购买标准化产品	基于零代码开发平台开发应用
开发周期	必须遵循需求评估、编写代码、联调测试、上线发布等流程,周期以年计	可能需要二次开发或者项目人员进场部署软件,周期以月计	可视化开发,周期以小时计
业务适配程度	定制开发,适配程度高	解决标准化需求,难以实现个性化需求,适配程度低	只要懂业务即可开发,适配程度高
迭代的敏捷程度	需要重走流程,以及对需求排期,周期长	依赖厂商对需求的排期,周期长	即时调整,即时上线,周期短
成本	人力成本和部署成本高	软件购买成本和部署成本高	按订阅收费,可按需购买,成本低
后期运维	需自主运维,难度大	需自主运维,难度大	由平台厂商在云端统一运维

自主开发的好处是企业可以完全根据自身需求开发,理论上是可以高度适配业务的;缺点是周期长、投入高、维护难,特别是当业务需求爆发式增长时,IT部门疲于应对,导致需求得不到快速解决,企业内部就会陷入业务部门满意度低、IT部门压力大、成就感低的不良循环。

购买标准化产品的好处是拿来即用,但是各行各业,哪怕是同一行业同等规模

的企业，其业务流程也可能千差万别。所以，标准化产品往往只能解决 70%~80% 的标准化需求，如果需要适配企业的业务，就需要在标准产品的基础上做二次开发，或者由厂商的实施团队驻场来帮助产品落地。标准化产品往往价格不菲，这对于中小企业来说将是沉重的负担。

零代码开发平台将数据、流程、权限等封装成组件，只要你懂业务，哪怕不会编程，也能开发应用，大大减少了调研需求、评估和编写代码的时间。而且零代码应用可以快速响应业务的变化，做到即时调整，即时上线。而且，市面上大多数零代码开发平台标准版的年费都在万元以下，有的甚至不到 5000 元。这个费用对于大多数中小企业来说都是可以接受的。

不过零代码开发平台也不是万能的，如果需要实现一些超出平台能力的复杂需求，则要用到平台的开放 API，开发者也必须具备一定的编码能力。

显然，对企业而言，选择零代码开发平台是一个性价比较高的选择。零代码开发平台的优势可以总结为"多、快、好、省"四个字。

优势之一："多"

零代码开发平台提供通用的工具和解决方案（图 2-1 所示为简道云方案中心的界面），适用于大多数行业或者业务场景，而且企业可以根据自己的需求搭建应用。比如，企业对人力资源、财务、资产、生产、原料供给、销售、库存等的管理，都可以基于零代码开发平台开发相应的应用来实现。而且这些应用之间还可以互相调用数据，实现企业经营数据全链路打通。这在一定程度上将帮助企业避免烟囱式开发，形成数据孤岛。

图 2-1 简道云方案中心

优势之二："快"

在零代码平台上开发应用，不需要经过需求评估、代码编写、联调测试、停机发布等复杂且冗长的流程，开发周期可以按小时和天计，而且迭代起来十分敏捷。对创新型业务，可以通过零代码应用以低成本快速试错。

此外，当遇到突发情况，需要紧急上线某些应用时，零代码开发平台"快"的优势就显得非常重要。以简道云的客户为例，在 2020 年新冠肺炎疫情期间，一家全棉衬衫制造及出口商 7 天内就用简道云搭建了一套适用于口罩生产线的管理系统，为抗击疫情赢得了先机。在 2021 年河南特大暴雨灾害期间，一家公益组织利用简道云，不到 12 小时就搭建了一套应急物资协调系统，超过 900 名志愿者在该平台上进行协作，极大地提升了救助效率。

图 2-2 对传统开发与零代码开发模式的耗时进行了对比。

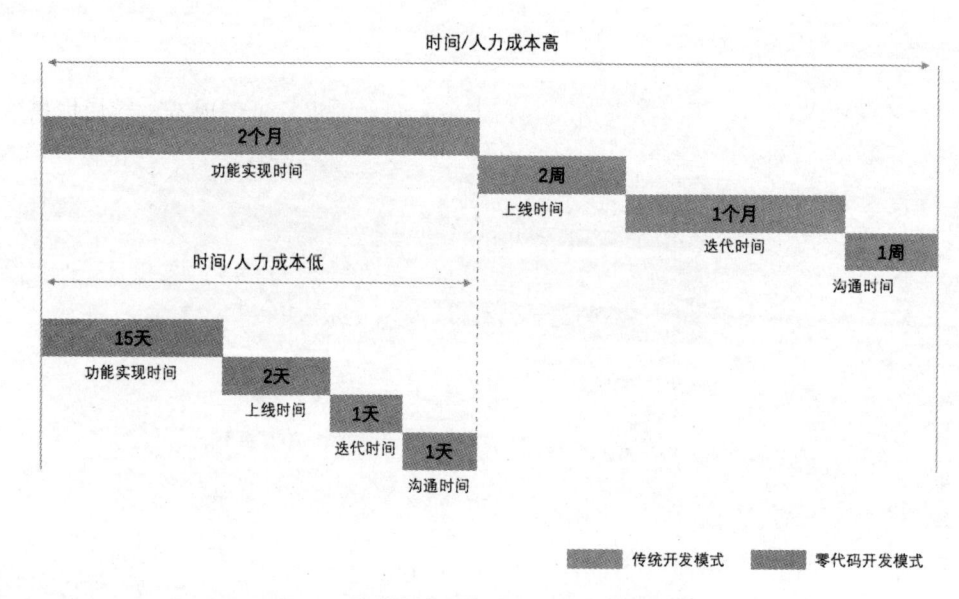

图 2-2 传统开发与零代码开发模式耗时的比较

计算标准说明：以上各环节的时间，均为参考一般的应用开发用时所得出的估计值；沟通时间指研发人员与业务人员做需求评估、需求调研、需求更改所耗费的时间。

优势之三："好"

所谓"好"，就是好用，即贴合业务场景，用起来顺手。零代码开发平台的理念之一就是降低门槛，让真正懂业务的人来开发应用，使数字化成果惠及一线员工，避免数字化成果只是为少数管理者服务。一旦一线员工能够享受到这种普惠的价值，就会积极参与数字化转型，激发企业自下而上的创新，使企业整体的数字化意识得到提升，为企业带来活力。本书第 7 章会详细介绍这种全民开发式的创新。

优势之四："省"

零代码开发平台的"省"不仅体现在人力、软硬件、运维等成本上，还体现在时间成本、学习成本等难以量化的成本上。市面上大多数零代码开发平台的标准版年费都在万元以下，也不需要特别配备有较高技术水平的 IT 人员，一个毫无编程背景知识的人，只要稍微熟悉一下平台的使用方法，通过简单的鼠标操作，5 分钟就能搭建一款简易的应用。借助于零代码开发平台，企业能以较低的成本，较快地搭建一些系统，有利于缓解企业数字化转型中成本与效率的矛盾。

表 2-3 对比了传统开发与零代码开发模式的成本。

表 2-3　传统开发与零代码开发模式的成本对比

对比项（单位：元）	传统开发	零代码开发
人力成本	10 万~15 万（5 个人开发 2 个月）	5000（1 个人，最多开发 2 周）
开发工具成本	约 1 万（云服务器成本）	8800（零代码产品成本）
运维成本	5 万~10 万（市场常规报价）	0（无须专门维护）
系统迭代成本	5 万~10 万（市场常规报价）	0（几乎零成本）
合计成本	21 万~36 万	约 13800（共节约成本 20 万~35 万）

计算标准说明：默认开发团队有 100 人，分别采用传统开发和零代码开发模式；运维成本和系统迭代成本参考了部分外包开发团队的平均报价；人力成本的数据为综合 IT 人员平均薪资情况后计算得出。

2.2.2　为企业数字化转型的参与者赋能

我们将企业数字化转型的参与者分为企业的"一把手"、IT 部门、业务人员（以财务、供应链、营销人员为代表）三类，来看看零代码开发平台是如何为企业数字化转型的参与者赋能的。

为"一把手"赋能

数字化转型必须着眼于全局，而具备全局视野的通常是企业的"一把手"。对业务量小的公司来说，"一把手"自然就是老板本人，如果公司已经有了一定的规模，各大业务线的负责人、分公司总经理，也可以承担数字化转型中这个"一把手"角色。

这些"一把手"的脑子里装着各种全局图景——客户价值地图、业务价值地图、组织架构演化路线图。以前没有零代码开发平台，他们就需要将这些内容表述为各种需求提交给 IT 部门，若企业没有 IT 部门，则需要将需求提交给第三方服务商/软件商。而需求在传递过程中，难免会失真。现在有了零代码开发平台，无须层层转达需求，"一把手"们完全可以自己搭建系统，零代码开发平台像是一块画布，他们可以将脑子里的图景以应用的形式"画"出来。在简道云的客户中，不乏自己动手开发零代码应用的老板，而且以中小企业的老板居多。

为 IT 部门赋能

企业在数字化转型过程中，面对各种业务调整，会产生相当多的数字化需求。如果按照传统的方式处理这些需求，IT 部门就会疲于应对，导致需求得不到快速解决，业务部门怨声载道，IT 部门在企业内部的满意度也会降低。

在零代码开发平台上，不需要编写代码，通过简单的鼠标操作就可以开发应用，使 IT 部门能快速地实现业务部门的需求，大大缩短应用的交付时间；同时，业务部门产生的迭代需求，IT 部门也能敏捷地实现。

零代码开发平台既提高了 IT 部门的效率，使其无须满负荷甚至超负荷运转，解放了人力，也可以让业务部门有能力自己解决 IT 需求。比如，企业在 IT 部门内设立专门的 ITBP（IT Business Partner，信息技术部门业务伙伴）岗位，让这些人驻扎在业务部门，与业务人员共创数字化系统，增强业务部门的 IT 能力，或者直接将业务人员培养为零代码开发者。本书后面的章节会详细介绍这样的例子。

零代码开发提供了一种高效的解决方式，帮助 IT 部门应对业务需求的爆发式增长，不但能够解决 IT 部门与业务部门之间长期以来的矛盾，使他们跳出互相埋怨的怪圈，还能培养业务员工的 IT 能力，使其自己尝试解决 IT 相关的问题，可谓一举两得。

为业务人员赋能

企业数字化转型归根结底是为业务服务的，因此业务人员应该是最重要的参与者。采用传统的自研系统模式，业务部门只能被动提需求，而想要需求得到解决，常常要经历漫长的等待，而且好不容易等到系统上线，往往会发现许多功能与自己的需求并不匹配；或者随着时间的推移，原先的需求发生了一些变化，而此时系统已经交付，只能等到下一次迭代或升级时再考虑。

零代码开发平台门槛低，而且使用便捷，给业务人员提供了自己解决问题的机会。由于业务人员对日常的业务逻辑、业务场景等早就烂熟于心，利用平台提供的表单引擎、流程引擎、数据加工引擎、数据报表引擎等工具，他们很快就能搭建出应用来解决问题。

零代码开发就像数字世界的平权运动，让不懂编程的业务人员也能开发应用。在对简道云用户的广泛调研中，我们发现有大约 80%的用户来自企业业务部门，这也体现出零代码开发区别于传统开发模式最大的特点——开发者就是使用者。

2.3 小结

零代码开发平台是一种新的数字化工具，具备"多、快、好、省"的优点，能够帮助企业降本增效，提升企业内外的协同工作效率，提高管理效率，改善员工的工作体验，进而激发企业活力。如今，数字化转型还在轰轰烈烈地进行，本书将在第 6 章介绍简道云的企业客户通过零代码开发实现降本增效的真实案例。我们相信，零代码开发平台将为企业带来更多可能。

当然，影响企业数字化转型成功的因素有很多，除了工具，还有文化、组织、环境及参与者的信心和决心。零代码开发平台只是企业数字化转型的工具之一，但是如果使用得当，就会在企业内产生奇妙的"化学反应"，对企业的文化、组织及数字化转型的信心都将产生影响。下一章将介绍如何利用零代码开发平台帮助企业进行数字化转型。

3
引入零代码开发平台

第 2 章介绍了零代码开发平台的优势，以及企业如何借助这些优势进行数字化转型。要充分发挥零代码开发平台的潜力，还需要有一套科学有效的方法，本章将介绍企业如何在内部引入并推广零代码开发平台。

企业引入零代码开发平台，是通过全新的管理工具为业务赋能，是一种创新和改变，因此不会一蹴而就。为了让创新更大程度地适应企业的需求，让改变能更自然地发生，在引入零代码开发平台时，要稳扎稳打，步步为营。一般来说，企业需要重点关注 6 个环节：明确业务需求、平台选型、学习使用零代码开发平台、搭建系统、在组织内推广、保障信息安全。

本章将逐一介绍这 6 个环节，为企业提供参考。

3.1　明确业务需求

很多零代码应用的开发者不是专业的 IT 人士，不知道该如何收集、整理和反馈需求。因此，本节将介绍如何明确业务需求，从需求出发，以终为始，一步步推进零代码应用的落地。

首先要理解什么是需求，找到在企业和组织内部收集需求的最佳方式，然后有条理地描述这些需求，最后实现需求。

3.1.1　什么是需求

简单地说，需求是指基于业务需要，零代码应用必须实现的功能。需求有三个要素：用户、时间和事件。

1. 用户

用户是应用的使用者，任何需求都不能脱离用户而存在。企业应用中的用户可以分为内部用户和外部用户。内部用户就是企业内的员工，亦可进一步分为一线员工和管理者。根据不同的业务场景，外部用户通常是客户、供应商、合作方、监管方等。

在分析场景的需求之前，要明确"用户是谁"。对于业务和管理类应用，往往涉及多个角色的用户，比如费用报销管理应用，就会有员工发起请求、领导审核、财务人员复核、财务人员打款等，涉及的用户也有好几位；又比如供应商管理涉及供应商和被供应企业，这一类应用同时有内部用户和外部用户，在做需求分析时要考虑周全。

2. 时间

所谓的"时间"指的是用户何时会产生需求，以及在什么场景下会产生需求。比如，外勤打卡这个功能，是业务员因出差无法到公司打卡时使用的，这里"出差"就是需求的"时间"要素。梳理需求时，要根据业务流程确定用户产生需求的时间。

3. 事件

事件是指用户在特定场景下的行为。比如，在上文提到的外勤打卡场景中，事件就是员工掏出手机，通过手机的定位功能打卡。

下面再以内部用户常见的一个场景来举例说明什么是需求。假设人事部门想要通过一个考勤应用了解所有员工每月的出勤情况，我们可以梳理出如表 3-1 所示的需求。

表 3-1 考勤应用的需求

业务需要	应用提供的功能
所有员工可以查询自己的考勤记录	查看个人考勤的数据看板
所有员工按时上报考勤数据	在规定的时间提醒员工提交数据
所有员工每天不能重复上报考勤数据	限制每人每天只能提交一条数据
所有员工每天自主上报考勤数据	统一、固定、便捷的数据提交入口
部门主管可以查询本部门员工的出勤情况	供主管查看部门员工考勤情况的数据看板
……	……

需求的三要素缺一不可。如果需求的用户不明确，开发者不知道该选择谁作为流程负责人，会造成权限管理的混乱；如果对产生需求的实际场景考虑不周，会导致应用的用户体验差，使用起来极不方便，甚至产生很多无用和错误的数据；如果事件描述得不清楚，最后开发出来的应用就可能无法解决实际问题。

3.1.2 收集需求的方式

在企业中，需求的收集者既可以是IT人员，也可以是业务人员。我们整理了客户企业的零代码开发实践，发现企业内部收集需求的渠道主要有两种：第一种是业务部门根据自身业务需要提出需求；第二种是IT部门根据公司管理制度整理出需求。下面分别举例说明。

示例一：某铁路公安局下辖数十个下级单位，这些下级单位的管理区域、工作内容和人员组成都不一样，因此需求千差万别，难以依靠IT部门逐一调研和评估。他们的数字化系统，除最初的核心应用，其他需求均由各下级单位主动提交，然后再由IT部门统一开发零代码应用来解决。

示例二：某建筑企业计划开展数字化转型，优化管理模式。在此之前，该企业是以线下纸质单据的方式实现业务流程的，各个部门仅参与流程的某一个环节，无法提出涵盖整个流程的完整需求。因此，该企业建设数字化系统时，就由IT部门收集流程每个环节的需求，再开发零代码应用。

收集需求时要了解详细的需求信息并整理出三要素。然而，需求方可能没有三要素的概念，甚至无法完整地表述自己的需求，这时收集者就应该根据需求的类型灵活选择收集方式。总的来说，需求可以分为四类，每一类需求都有相应的收集方式。

概念型需求

第一类是概念型需求，需求方只描述了目标应用的大致功能。例如，用户说："我想要一个财务应用，可以记录资金的进出，按不同的收入分类汇总。"这句话看似提出了一个需求，但是它既没有提到实际的场景和业务，也没有描述"用户""时间""事件"三个要素。这样的需求还只是存在于用户脑子里的一个模糊概念，仅凭这个概念不可能开发出完善的应用。

对于概念型需求，需要从多个角度补充目标应用的业务内容。这里以上面所述的财务应用为例来介绍。

第一步，厘清业务流程。根据用户的描述，这个财务应用主要包括两个模块：入账和出账，但对于不同的公司而言，入账和出账所关联的业务是不同的，所涉及的流程也不一样。例如，房产经纪公司的入账主要为返佣（佣金回款），出账则包含报销、支付工资和办公楼租赁等；制造型企业的入账包含销售回款、收取售后服务费用等，出账包含原材料采购、支付工资、报销、厂房租赁等。如果不厘清各个业务的相关流程，就无法建立系统需求的基础框架。

再以房产经纪公司为例，其入账包含以下流程：

◎ 与开发商签订分销合同，确定返佣规则。
◎ 经纪人提交客户成交信息，跟进成交情况，计算返佣金额。
◎ 开发商确认成交信息后，汇款到经纪公司账户。
◎ 财务人员确认到账金额，录入收款记录。

出账则包含报销、支付工资和办公楼租金三个场景。

◎ 报销：业务员提交报销申请，财务人员核对发票信息。当费用由公司账户汇款到业务员的个人账户后，财务人员录入付款记录。
◎ 支付工资：职能人员的工资为固定工资，根据实际出勤情况计算；业务人员的工资，除基本工资外，还需加上销售提成。每月月底人事部门核对员工工资金额，财务人员根据人事部门提供的数据发放工资。当工资由公司账户汇款到员工的个人账户后，财务人员录入付款记录。
◎ 支付办公楼租金：租金属于定期的固定支出，每半年由公司财务人员根据租赁合同向物业支付。

接下来，可以绘制思维导图（如图 3-1 所示），清晰地展示业务流程，整个应用的基础框架也就建立起来了。

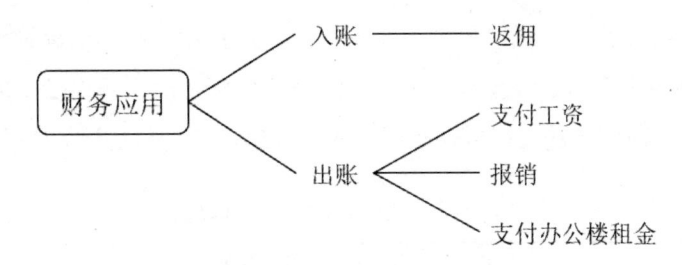

```
                    入账 ——— 返佣
                   ╱
        财务应用 
                   ╲         支付工资
                    出账 ——— 报销
                             支付办公楼租金
```

图 3-1　财务应用的业务流程思维导图

第二步，细化需求。如表 3-2 所示，在基础框架下，根据"用户""时间""事件"三大要素对需求进行细化。

表 3-2　细化财务应用的需求

需求名称	涉及的业务流程	用户	时间	事件
财务应用	返佣（入账）	业务部	与开发商签订合约时	确定返佣规则、所有项目对应的返佣方式和返佣系数
		业务部	与客户顺利签约时	根据签约金额和约定返佣方式计算返佣金额
		财务部	佣金到账时	根据签约信息核实到账金额，记录入账凭证
	报销（出账）	业务部	因公费用发生后	提交报销申请，录入报销凭证
		财务部	收到报销申请时	审核报销信息无误，根据申请内容汇款，记录出账凭证
	支付工资（出账）	业务部	每个工作日	打卡，提交出勤记录
		业务部	有签约客户时	记录业绩数据
		人事部	每月	根据员工出勤记录和业绩情况计算工资
		财务部	每月	根据人事部计算的金额发放工资，记录出账凭证
	支付办公楼租金（出账）	财务部	每半年	根据办公楼租赁合同支付租金，记录出账凭证

从表 3-2 中可以清晰地看到业务流程所涉及的各部门的具体工作,以及各项工作之间的关联和先后顺序。

第三步,明确管理目标。不论是业务管理还是企业管理,不论管理所涉及的业务流程是复杂还是简单,都会有一个核心的管理目标,前面两步做的所有工作都是为这个管理目标而服务的。仍以这个财务应用为例,其管理目标如表 3-3 所示。

表 3-3 明确财务应用的管理目标

需求名称	管理目标
财务应用	方便业务人员上报和查询业绩,数据公开透明,激发员工积极性
	方便财务人员记录数据、查询账目,提高工作效率
	形成财务台账,直观地看到每月资金流水和各账目收入/支出明细
	以财务数据直观反映企业盈利情况,给企业管理和业务决策提供数据支撑

通过以上步骤,我们就把一个模糊的概念型需求转换为业务流程清晰、管理目标明确的具体需求,可以着手开发应用了。

问题型需求

第二类是问题型需求,描述了实际业务中存在的问题。例如,某餐饮公司提出:"我们门店原材料的采购和消耗数量经常对不上。之前门店策划了一场大型促销活动,最终因为成本太高,实际盈利并没有增加,但又想不出是什么环节出了问题。能通过开发应用来解决原材料管理的问题吗?"这家公司希望通过开发应用来解决问题,但是他们自己也"想不出是什么环节出了问题"。

对此类需求,要从企业的管理制度和业务流程出发,找出问题的根源,先制定解决方案,然后开发应用,也即先建立制度,再搭建系统,解决需求同时也完善管理体系。这是通过数字化工具解决业务问题的一般路径。

这里继续使用上面的餐饮公司的例子来说明。为了找出促销活动没有带来盈利提升的原因,公司盘点了原材料的数据,发现原材料实际利用率与预计的值差异较大。预计原材料利用率为 80%,实际利用率却只有 50% 出头。原材料转换为成品的过程涉及多个环节：供应商供货——物流送货——仓储——厨房加工——出菜。但是，因为没有记录过程数据，最终也不知道是哪个环节出了问题。

其实，梳理问题型需求，就是思考如何改进管理业务的方式，然后据此找出真实的需求。

首先要定位问题，也就是找出是哪个环节出了问题，找准原因才能实现业务流程的标准化，后续才能搭建应用解决问题。表3-4列出了这家餐饮公司将原材料转换为成品过程中的问题、原因及对应的改进措施。

表3-4 问题、原因及改进措施

问题	原因	改进措施
采购的原材料质量时好时坏，价格时高时低	没有建立供应商管理体系，无数据支撑对供应商的评估，无法监控商品质量，查询价格走势	记录供应商信息，形成供应商档案；记录每一次采购信息，以便对供应商进行评估；记录每次采购商品的价格，制作价格走势图
采购的商品到货时常缺斤少两，不知道是发货时就斤两不足还是运输中产生了损耗	不能实时查看采购数据和到货数据，无法及时对比	及时记录采购信息和到货信息，并对数据进行对比，监控每次到货的情况
各门店仓库中的商品进出毫无秩序，既没有做到先进先出，也搞不清楚每月实际的消耗量	没有仓库管理体系，无专人负责清理库存，随用随拿，商品的进出明细不详	及时记录每次采购到货信息，安排专人每月盘点库存，形成库存台账，核算每月商品的实际消耗量
各门店仓库既有自主采购的时令蔬菜和鲜肉等，也有从总库调拨的器材、冻货等，管理混乱，账目不清	门店仓库和总库没有形成独立的库存体系，调拨往来均无详细记录	总库和门店仓库同步整理库存数据，建立独立的出/入库体系，及时记录双边出/入库商品数量，搭建实时库存查询平台

根据表3-4列出的改进措施，进一步补充各业务模块的需求细节，如表3-5所示。

表 3-5　补充需求细节

需求名称	业务模块	用户	时间	事件
门店经营	产品管理	厨师长	不定期	根据店内主营菜系,列出原材料清单(品名、种类、品牌、规格、型号等)
	供应商管理	采购员	不定期	根据原材料清单寻找供应商,记录供应商信息(联系人、联系方式、地址等)
		采购员	不定期	从供货质量、报价等多个维度评估供应商
	采购管理	门店厨师长	每周	根据当周业务情况提出原材料采购需求
		门店采购员	每周	1.根据采购需求和供应商评估结果确认采购信息,并将采购明细发给供应商联系人。 2.如果可从总库调取物料,则直接把采购明细转交总库进行发货
		总库采购员	每月	根据经营情况集中采购可长期储存的原材料,入库到总库
	仓库管理	门店仓库员	每周	根据每周采购需求核对到货信息,并将商品入库
		总库仓库员	每周	根据各门店需求调拨发货
		门店及总库仓库员	每月	对所管理的仓库进行盘点,清点所有物料库存数量,确保数据与实际库存匹配

梳理完需求之后,还要验证需求能否有效解决实际问题,这样才能形成闭环。此时,零代码开发具备的灵活敏捷的优势就能得到充分体现——快速上线应用进行测试,然后收集用户的反馈,快速迭代。

借鉴型需求

第三类是借鉴型需求,是指需求方希望借鉴他人的系统解决自己的问题,例如,"其他公司的项目管理系统是怎么做的,可以参考吗?"用户提出这类需求,通常是因为其公司本身的管理制度不太规范,或者现有的管理模式存在一些问题,所以希望参考优秀同行的经验。

在工作上,寻找优秀的对标物是一种好方法,很多人认为直接照搬别人的系统设计方案是一条捷径,但是生搬硬套常常会导致事倍功半,因为"好用"的系统都是根据企业自身业务逻辑设计并与之高度契合的。而不同的企业,即便所处的行业与业务模式相同，内部的组织结构与运转模式也不见得一样，业务流程总是会有差异，而这些因素密切影响其系统的架构。因此，要借鉴别家公司的系统设计，首先要看看双方的业务逻辑是否相近，如果是，或许可以参考其设计思路。

其实还有一种更简单的方法：成熟的零代码开发平台上有丰富的模板，涵盖了很多典型业务场景，可以基于这些模板进行二次开发，这也算是在借鉴别人的设计思路。这里以简道云官方推出的设备巡检模板为例来说明。

设备巡检模板是简道云提供一套完善的、体系化的场景模板，适用于制造业的生产设备巡检、建筑业的工程设备巡检、物业管理的基础设施巡检等多个行业的不同场景。想要借鉴该模板搭建巡检管理应用的企业，可以参考以下流程收集需求。

第一步，厘清设备巡检模板的业务逻辑，业务逻辑相符是能顺利复用模板的关键因素，如果不管业务逻辑是否相近而胡乱套用模板，最终开发出来系统可能会很难用。可以从基础模块、操作模块和数据模块三个维度对业务逻辑进行分析。基于这三大模块，对设备巡检模板的业务逻辑进行梳理，结果如表3-6所示。

表3-6 设备巡检模板的业务逻辑

业务逻辑	基础模块	业务涉及的基础信息，相对固定。 例如，设备巡检时需要记录的厂区名称、设备分类规则等
	操作模块	业务相关的具体操作和流程规范。 例如，填写设备维修单的人员、需要填写的内容、设备维修的提报规则和检验规则等
	数据模块	展示、整理和分析业务数据，帮助发现问题和制订策略。 例如，从设备维修流程BPA，可以看出设备报修及维修的效率；从全厂设备运行情况监控的动态图，可实时查看全厂设备的运行情况，以便对人员安排和生产排期等做出决策

第二步，对比设备巡检模板与待开发系统的业务逻辑，看二者是否相符，表3-7列出了对比的细节。

表 3-7　业务逻辑对比

业务逻辑	基础模块	对比设备巡检模板和待开发系统的业务逻辑 设备巡检模板：是为制造业的生产设备巡检设计的，基础表单中包含"车间"信息。 待开发系统：用于物业管理中的电梯设备巡检，虽然社区中没有"车间"的概念，但是考虑到"车间"是对设备安装位置和管理区域的划分，可类比为物业管理中的"片区"。两者在业务中的作用是一致的，所以业务逻辑也是一致的
	操作模块	对比作业规范和业务流程 设备巡检模板：巡查频次以天为单位。 待开发系统：巡检频次以周、月为单位，或者以天、周、月几个单位混合计数，这样在作业规范上就会有差异，需要根据实际的场景提出新的需求
	数据模块	对比数据展示内容和管理目标 设备巡检模板：设备故障率数据看板的目的在于降低设备故障率，设备宕机时长监控看板的目的是提升设备稳定性，提升生产效率。 待开发系统：物业电梯设备管理主要关注日常的保养和维护，保障设备运行的安全，展示内容和管理目标与模板契合

第三步，借鉴思路，根据"三要素"整理出符合自身业务逻辑且能解决当前实际问题的需求。

借鉴模板设计自身系统的前提是熟悉模板的业务逻辑，并且对自身实际业务流程有清晰的理解，两者缺一不可。如果盲目照搬模板中的模块，可能会得出许多无用的需求，却忽视了实际业务中存在的痛点。借鉴别人的系统，主要目的是参考其设计思路而并非照搬模块，需要时刻注意以自身业务和管理目标为重。

潜在型需求

第四类是潜在型需求，即还没有明确的需求，例如用户说："我暂时也想不起来有什么需求，好像没什么可以在系统上做的。"企业所处的数字化转型阶段不同，对于数字化的认知也有所不同。所以，没有需求往往不是真的没有需求，很可能是还没有建立数字化思维，无法识别需求。对于这一类用户，就需要如第 2 章所述，先帮助他们培养数字化思维。

根据简道云对企业用户的调研，有超过 90%的企业，在使用零代码开发平台进行数字化升级之前,是使用纸质流转单、Excel 文档、邮件等方式传递信息和沟通的。他们数字化转型的第一步就是"无纸化,去 Excel",相当于通过开发应用,把业务流程搬到线上。

当员工和领导慢慢习惯使用这些应用处理工作,感受到其带来的效率提升之后,思维方式也会发生变化,遇到效率低下的工作方式时就会思考,能否通过数字化工具(开发应用)来提高效率。这时,潜在的需求便会浮出水面。

3.1.3 整理需求

通常情况下,需求的收集者会与各个部门员工沟通,因为一个业务场景往往涉及不同的岗位人员,每个人需要执行的操作也不同,所以,刚收集来的需求是比较杂乱的,必须进行整理。那么应当如何整理、汇总这些需求,才能让开发人员快速理解呢?

对简单的需求,可以利用类似表 3-8 的表格进行整理。

表 3-8 人事管理需求示例

业务部门	需求类型	流程明细	岗位人员
人事管理	招聘需求	需求申请	各部门经理
		需求核对	HR 经理
		需求审批	总监
	招聘流程	简历收集	应聘者
		简历筛选	HR 专员
		面试邀约	HR 专员
		HR 面试	HR 专员/HR 经理
		部门经理面试	岗位对应的部门经理
		招聘结果确认	HR 经理
	入职流程	入职报到	HR 专员
		办公物品领用	对应部门文员
		办公账户激活	IT 部门
		到岗确认	对应部门经理

如果业务流程相对复杂，涉及的协作部门较多，可以借助流程图或泳道图进行梳理。图 3-2 就是一个业务流程图示例，这种方式能够详细地展示业务流程的节点和协作部门间的配合关系，对于后期设计系统时划分业务模块、分配人员权限都很有参考价值。推荐使用 XMind、ProcessOn 等专业绘图软件或网站，组件式的绘图方式可以为制图过程节省大量时间。

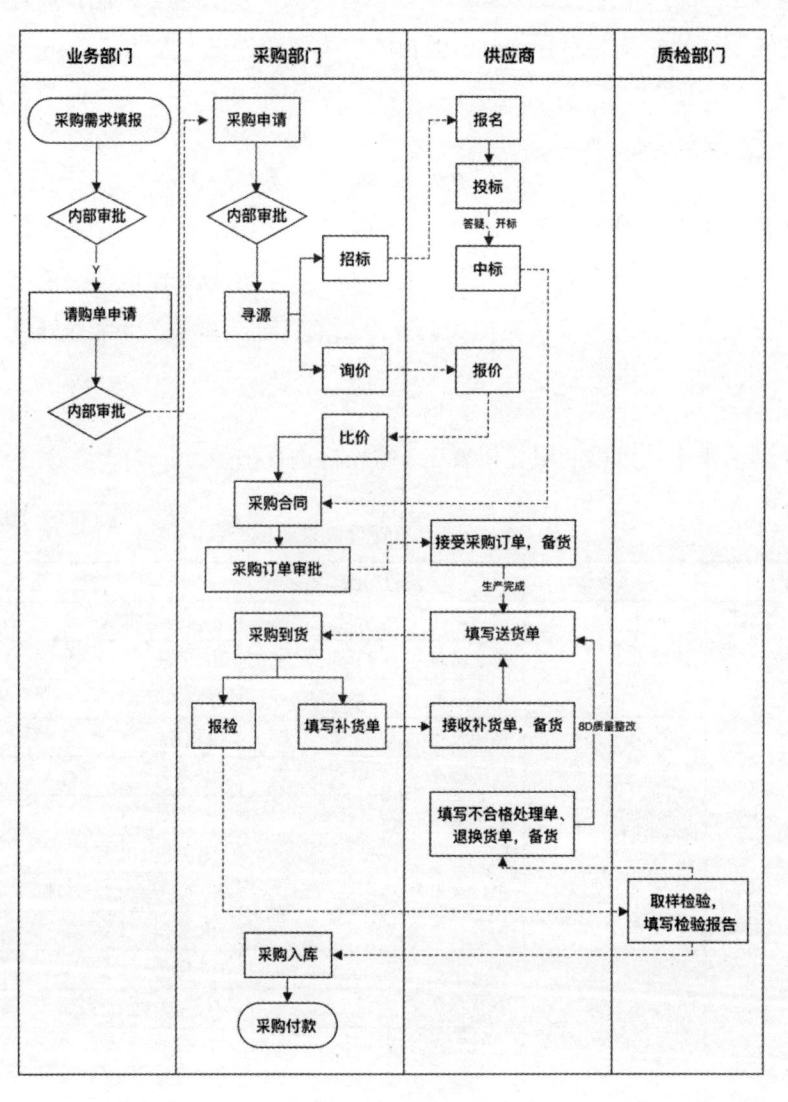

图 3-2 业务流程图示例

整理需求时无须拘泥于某一固定的表格样式，也不必追求形式上的完美，需求的真实性才是最重要的，采用不同形式只是为了更好地说明需求的内容。

3.1.4 需求的预处理

就像做菜之前要对食材进行预处理一样，在开发零代码应用之前，也要对需求进行预处理。很多时候，需求的收集者和应用的开发者并不是同一组人，开发者需要先评估需求的可行性，然后制作模板（原型），和需求方确认需要实现的效果，再根据可行性及需求方的反馈进一步细化需求。需求的预处理是重要的承上启下过程。

评估需求的可行性

收到需求之后，第一步就是评估需求的可行性。初步评估时不需要太细致，不需要考虑某个功能具体怎么实现，否则会增加评估的时间，影响与需求方的沟通体验。本来对需求的完善就是很难一步到位的，初步评估做得太精细可能会增加不必要的时间成本。

应该从整体上评估需求的可行性，主要关注两点：一是核心需求能否按照预期实现。核心需求就是业务主线，其他的需求都是从业务主线衍生出来的。例如，企业想要搭建一套进销存应用，那么自动根据商品出/入库情况计算库存就是核心需求，并由此衍生出库存预警、供应商对账等其他需求。核心需求能够按预期实现，应用的开发基本上就成功了一半。

二是关键功能能否顺利实现。举个简单的例子，在生产管理中，订单引入、计划排产、生产报工是业务主线，而将计划排产和生产报工数据联动，实现生产监控就是关键功能。就算业务主线的流程都能实现，但如果最终这个关键功能无法实现，整个系统也就失去了意义。

所以，在对需求可行性的评估过程中，需要重点关注核心需求和关键功能。

制作模板展示效果

若需求可行，则可以根据需求框架做出简易模板。基于模板进行沟通，需求方能看到系统最终呈现的效果，如果需求方认为解决方案仍需调整，开发者也可以灵活地修改模板。制作模板时，无须注重数据的全面性和流程细节，但是要尽量凸显系统的操作方式和数据的展现形式，因为前者关乎用户的使用体验，后者关乎用户的管理诉求。

持续完善需求

对需求的完善很难做到一步到位。根据简道云的调研，几乎所有用户的系统都是经过反复迭代才达到一个相对稳定的状态的。本书第 2 章介绍过，相比自行开发和购买标准化软件，零代码开发的优势之一就是敏捷迭代，应用可以即时调整、即时上线，一些简单的功能迭代不到半天就可以完成。所以，应该鼓励持续完善需求，追求更好的用户体验。

3.2 平台选型

工欲善其事，必先利其器，在着手开发之前，选择一款合适的平台是必不可少的环节。选对了平台，可以为后面应用的开发、推广等减轻很多负担。不同的企业，其所属的行业、自身的业务场景、数字化水平、发展和管理水平、员工技术背景等方面都存在非常大的差异，因此要充分评估自身情况，选择最适合自己的平台。绝大多数零代码开发平台都提供免费试用的服务，不妨通过试用来对比不同的平台产品。

在选型时，可以从平台的功能、性能与品牌力三大维度进行评估。

平台功能

零代码开发平台提供的功能，关系着开发的可行性和难易程度。第 1 章介绍过，零代码开发平台的功能众多，但其核心功能无外乎数据收集、流程运转、数据分析、数据展示等。基于这些核心功能，才能实现诸如客户关系管理、工程项目管理等复杂的业务应用。要以自身业务实际需求为引导，结合产品文档或者咨询厂商的技术顾问，确认使用该平台进行开发的可行性，这是选型的第一步。

平台性能

了解平台功能后，还要对比不同平台的性能。简单地说，平台性能影响的是应用从开发到上线的顺利程度。可以从两个方面来考量平台的性能。一方面是上手的难度，这属于主观判断，因为不同的开发者思考问题的方式、学习平台时采用的路径及开发习惯不同，平台是否好用，很大程度上取决于开发者个人的感受。另一方面就比较客观了，属于平台本身的"硬实力"，比如响应速度、数据容量、安全性、功能迭代的频率等，需要开发者根据实际需求和预算进行考量。

平台品牌力

除了平台的功能和性能，品牌力也是在选型时需要考量的关键点。品牌力是零代码开发平台厂商的技术实力、市场占有率、用户认可度和口碑的综合体现。开发者可以通过网络、媒体等渠道，了解厂商的相关信息；可以看看厂商以往服务客户的成功案例，以及他们服务过哪些客户，因为厂商的服务历史可以从侧面体现其产品质量；也可以咨询一些同行、使用者，听听他们的评价。此外，还可以通过用户数量、销售额等市场数据来判断一个零代码开发平台在市场中的地位。表 3-9 提供了一个选型表供参考。

表 3-9　零代码开发平台选型表

比较项		优势	劣势	需要进一步了解的情况	打分	权重
平台功能	数据收集					
	数据加工					
	流程管理					
	流程分析					
	数据分析和展示					
	移动端使用					
	后台管理					
	权限管理					
	文档质量					
平台性能	响应速度					
	上手难度					
	开放能力					
	安全性					
	部署模式					
	迭代频率					
	服务能力					
品牌力	企业背景					
	产品上线年数					
	用户数量					
	销售额					
	销售额增速					
	价格					

3.3　学习使用零代码开发平台

相比于传统的软件开发，零代码开发是一种门槛较低、灵活易用的开发模式。开发者无须具备编程基础，通过对模块化的功能组件进行简单的拖拉拽操作，即可像搭积木一样搭建业务应用，就算是普通的业务人员也可以设计自己想要的应用。但是，这并不意味着选完平台就可以直接开始开发应用了。在这之前还必须学习如何使用零代码开发平台。

3.3.1 学习的方式

根据不同的实际情况，开发者可以选择系统化学习和按需学习两种方式。

系统化学习是指系统学习零代码开发平台的所有功能。首先对零代码开发平台有整体的认知，了解平台是什么、有哪些基本的应用场景等，然后学习基础功能，学习如何设计表单、流程和数据展示界面。这三大基础功能体系是零代码开发平台的基石。

接下来，就可以学习高级功能了，比如对数据进行各种加工处理、跨应用的数据调用、系统间的对接与集成等，这些功能是数字化系统的核心连接元件，也是形成数据体系的纽带。

有了前面的基础，再学习场景案例，更深入地理解在实际业务场景下如何使用平台的功能，以及如何将多个功能组合起来，实现复杂的应用。这些内容都学完以后，开发者就具备了针对自身场景设计系统的能力，可以开始尝试开发了。

相对于系统化学习，按需学习的目的性更强，是指根据业务需求"定制式"学习。首先，开发者要厘清业务流程，明确希望通过零代码应用实现的管理目标，再根据需求制订学习纲领。如果没有全面了解零代码开发平台，很难实现按需学习，因为难以从繁杂的参考资料中找到便捷的学习路径。不过，有些注重用户体验的厂商提供售后服务，能帮助开发者学习使用其产品。

这两种学习方式的难易程度、开发者需要投入的精力都相差较大，可以参考表3-10进行选择。

表 3-10　两种学习方式的对比

	系统化学习	按需学习
个人的使用需求	IT人员为提升专业能力，希望掌握零代码开发技能	业务人员为了解决当前业务问题，将零代码开发平台作为临时工具
企业对平台的定位	用于构建核心业务的数字化系统，涉及场景较多，业务逻辑比较复杂	用于搭建非核心的业务应用，涉及场景不多且业务逻辑比较简单

对个人而言，系统化学习适合想要把零代码开发作为自己一项专业技能的 IT 人员，按需学习适合仅希望借助零代码开发平台解决零散问题的业务人员。

对于企业而言，系统化学习适合希望通过零代码开发平台搭建复杂核心业务系统的企业，按需学习适合希望搭建简单非核心业务应用的企业。

3.3.2　学习的步骤

先学习使用平台的功能，然后学习如何在场景中应用，最后学习设计一个完善的数字化系统。

1. 学习使用平台的功能

学习功能是为了快速掌握某个具体功能的用法。根据使用频率和应用范围，可以将平台提供的功能分为两种：基础功能与高级功能。基础功能包括普通表单设计、流程节点设计、权限分组、通讯录设置等；高级功能包括复杂的数据加工、复杂函数的使用、与其他系统的集成及对接等。

对这两类功能，建议采取不同的学习路径。

基础功能是在开发时经常会使用的功能，应该全面、细致地学习，可以从平台厂商提供的帮助文档和在线视频课程入手。通常，帮助文档和在线视频课程的内容以介绍具体功能的操作为主，详细地说明了设置功能的步骤，并展现其效果。

并不是所有的系统都会用到高级功能，而且这些功能理解起来相对困难，刚开始接触零代码开发的人，可能并不知道自己想要的效果可以通过一些不常用的高级功能来实现。因此，想要避免花费大量时间去研究文档和视频，还可以寻求厂商官方技术支持人员的帮助。对于不常用功能，并不需要全面地学习，而应该以"点对点"的方式，根据需求逐步掌握它们。

2. 学习使用场景

了解平台的功能之后，就需要学习将零散的功能组合成简单的业务应用了。将具体的功能应用于场景时需要转换思维，比较考验开发者对业务场景的理解能力和对功能的熟悉程度。

可以从学习零代码开发平台上的模板开始，一方面，了解一些常见系统的设计思路，另一方面，了解如何综合使用各种功能。接下来，可以借鉴模板，设计符合自身业务场景的系统，这种借鉴不仅可以是对模板的复用，也可以是设计思路的延伸。

例如，将生产设备巡检模板应用到物业管理的电梯设备巡检场景，只需要将巡检的对象从生产设备换成电梯即可，其他功能几乎无须更改，这是模板的复用。

再举一个例子说明什么是设计思路的延伸。搭建生产设备巡检应用时，会先建立设备档案表单，为每台设备生成相应的二维码，然后将设备档案表单与维修、保养、巡检多个作业表单进行关联，实现二维码的"一码多用"。如果这个设计思路沿用到项目管理中，就可以先建立每个项目的档案表单，然后将项目档案表单与进度管理、费用管理、合同管理等多个作业表单相关联。

弄清楚模板的设计思路后，就可以进一步探索系统设计了。其实，零代码开发平台上的许多模板也是之前的开发者们根据自身业务场景探索出来的。这也是 aPaaS 平台的一个特性，平台的功能是为了满足大多数用户的需求而设计的，而具体能满足哪些场景需求则需要开发者自己去探索和创新；反过来，开发者的探索和创新又给平台的发展提供了参考方向。

3. 探索设计完善的数字化系统

探索数字化系统（零代码应用）开发的过程，也是开发者个人能力提升的过程。开发者不仅能掌握零代码开发，还可以提高项目管理能力、结构化思维能力。一个完善的数字化系统涉及整个企业的核心业务体系、人员管理体系、财务体系等方面，要求开发者对业务、技术、管理有全方位的理解，开发者不单单扮演 IT 人员的角色，而是企业的"数字化管理师"。简道云会在官方社区中定期分享企业数字化转型的案例,用前人的经验,为用户探索自身的数字化转型赋能。学习无止境,永远都有更广阔的领域值得探索。

3.4 搭建系统

所有的需求调研与分析,都需要在实际的系统搭建过程中进行校验、应用和迭代。

3.4.1 系统架构设计

在零代码开发平台上,系统的主体架构一般分为基础数据模块、业务流程模块和数据分析模块等三部分。所谓系统架构设计,其实是指确定这几个模块的内容。对于基础数据模块,要确定支撑系统运行的是哪些基础数据;对于业务流程模块,要确定有哪些业务流程,各个业务流程之间是什么关系;对于数据分析模块,要确定最终展示哪些管理指标,分别需要用什么样的数据和分析模型来表达。

下面以销售回款系统为例,介绍如何设计系统架构。设计系统架构时,建议用图表等可视化形式记录设计思路,以便后续开发时参考。图 3-3 展示了用思维导图制作的销售回款系统架构。

图 3-3　销售回款系统架构

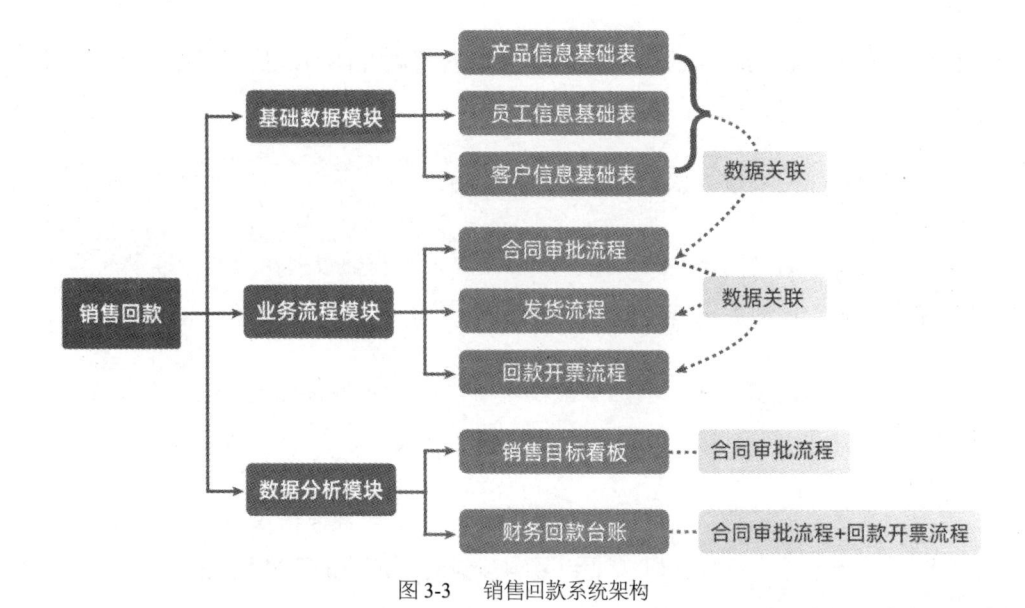

首先将系统分为前述的三大模块，然后详细规划每一个模块应该实现的具体功能。

基础数据模块

基础数据模块中存放着业务运转的基础数据。基础数据通常有以下几个特点：

◎ 频繁被调用。
◎ 长期不变或相对稳定。
◎ 可以规范化。

例如，在销售回款系统中，所售卖产品的名称、规格、型号等属性数据，这些都是产品的固有信息，基本不会变化。我们可以对产品分类、编号，以便进行统计。产品的固有信息、分类和编号都满足上面列出的三个特点，因此属于基础数据。

除此之外，员工的信息、客户的信息也属于长期相对稳定的数据，而且在订单管理、销售目标管理等环节经常需要调用这些数据，所以它们也属于基础数据。

因此，我们可以为销售回款系统的基础数据模块设计产品信息基础表、员工信息基础表和客户信息基础表。

基础数据模块对于整个系统有以下三个作用：

第一，实现数据规范化。用户操作时，需要按照基础数据模块的标准录入数据，有效了避免因录入的数据不规范而造成的格式不一致、缺失等问题。

第二，提高系统易用性，基础数据模块可以作为业务流程模块的"数据库"，实现数据"一键调用"，让"勾选"替代"重复录入"。

第三，优化系统结构，由于基础数据模块和业务流程模块及数据分析模块彼此独立，因此当基础数据有变化时，不会影响其他两个模块的正常使用。

业务流程模块

业务流程模块是实现业务运作的模块，为业务部门处理业务提供必需的功能，其主要用到的是表单引擎和流程引擎。业务流程模块是整个零代码应用的核心，所有的业务逻辑和业务过程中产生的数据都被包含在其中，同时该模块也是业务人员直接进行操作的工作台。业务流程模块的设计有三大基本要求：

◎ 符合业务逻辑。这是最基本的要求，不符合实际业务逻辑的应用，不仅对企业的管理和业务毫无助益，甚至还会变成一种阻碍。
◎ 记录有效的数据。业务数据化是数字化转型的基础，记录业务过程中的有效数据是搭建应用的目标之一。
◎ 符合业务人员的使用习惯。用户体验很重要，设计出的应用最终是要给业务人员使用的，不好用的应用最终会被弃用。

在设计业务流程模块的时候，首先思考系统有哪些用户。销售回款系统的用户有销售及销售管理人员、仓库管理人员和财务人员，因此分别为他们建立合同审批流程、发货流程和回款开票流程。

搭建业务流程模块时，需要先设计表单，再建立流程。表单是记录数据的核心组件，流程是实现业务逻辑的关键要素，二者缺一不可。设计表单时，可以调用基础数据模块中的数据。例如，设计合同审批表时，就可以直接调用产品、销售员工和客户的信息，省去后期重复的填写工作。

数据分析模块

数据分析模块负责展示业务过程中记录的数据，通常用于实时监控业务的运行情况，或对业务数据进行统计与分析。数据分析模块是建立在基础数据模块和业务流程模块之上的，通过对数据的整理与分析，总结已发生的业务，同时预判业务未来的发展方向。

对销售回款这项业务而言，有两个关键指标，一个是销售指标，另一个是回款指标。对应两项指标，建立销售目标看板和财务回款看板。根据公司管理的要求，基于合同审批流程和回款开票流程中产生的数据，可以在两个看板上添加销售目标进度、个人业绩明细、回款目标进度、回款明细等分析模块。数据分析模块为企业决策提供数据支撑，用数据指导业务的运行，将数据变成生产力。

3.4.2 表单设计

表单分为普通表单和流程表单，可以遵循图 3-4 所示的 5 个步骤设计表单。

表单选型	设置字段	设定流程	设定权限	设置拓展功能
选择使用普通表单或者流程表单	添加合适的字段类型，设置字段的默认值	设定流程的节点、流转方向、节点负责人、数据权限以及其他功能属性	为每位成员设置提交、查看、编辑数据等权限	设置表单的其他个性化功能

图 3-4 表单设计的步骤

第一步，表单选型。首先根据需要实现的功能，选择是使用普通表单还是流程表单（如图 3-5 所示）。如果仅希望通过表单收集数据，可以选择普通表单；如果场景中的数据需要在多个环节流转，那么应该选择流程表单。

图 3-5 选择表单类型

第二步，设置字段。字段是表单的基础组成，是表单中需要用户填写的内容。在零代码开发平台上为表单添加字段，将字段直接拖进表单即可，所见即所得。添加字段也有两个重点：一是字段的选型，要根据需求选择最合适的字段类型（图 3-6 展示了简道云零代码开发平台提供的不同类型的字段）；二是设置字段的默认值，为了方便用户及保证数据的标准化，表单中的字段不一定每一项都由用户手动填写，可以利用平台的数据联动、公式编辑等功能为字段设置默认值，并且由系统自动填充。

基础字段

单行文本	多行文本
数字	日期时间
单选按钮组	复选框组
下拉框	下拉复选框
分割线

增强字段

地址	定位
图片	附件
子表单	关联查询
关联数据	手写签名
流水号	手机
文字识别	按钮

部门成员字段

| 成员单选 | 成员多选 |
| 部门单选 | 部门多选 |

图 3-6　不同类型的字段

第三步，设定流程。这是流程表单设计中必不可少的环节之一，流程是表单流转的规则和依据。根据需求整理出业务流程后，设定每个流程的节点、表单流转的方向、节点负责人、各节点的数据权限，以及节点的其他功能，如打印、回退等。图 3-7 展示的就是流程设计界面。

第四步，设定权限。根据在需求中确定的人员权限，为每位成员设置提交、查看、编辑数据等权限（如图 3-8 所示）。

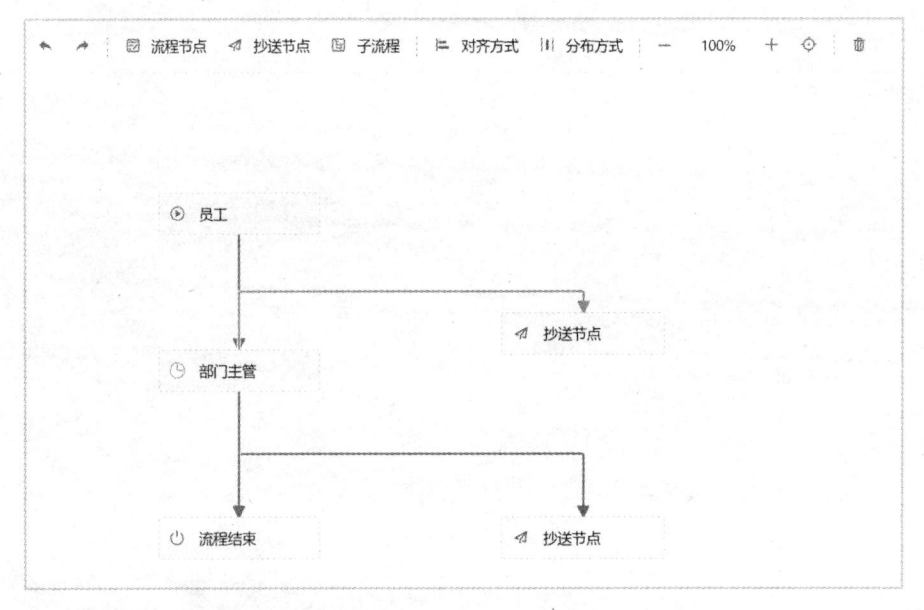

图 3-7 设计流程

图 3-8 设定权限

第五步，设置拓展功能。零代码开发平台提供了丰富的个性化表单功能，例如设置自动提醒、设置表单内容的自定义打印模板等。可以通过这些拓展功能进一步提高业务处理的效率。图 3-9 展示的是设置推送提醒的界面。

图 3-9 设置推送提醒

3.4.3 建立表单间关系

信息在系统内流转，依靠的是各种表单，这些表单不是相互独立的，它们之间存在某种关系。一般来说，表单间有三种关系：数据关联关系、数据运算关系、数据同步关系。

数据关联关系

数据关联关系指的是，在当前表单中能调用其他表单的数据。例如，在仓库管理应用中，仓库名称和库位编号存储在基础数据模块的仓库信息表单中。仓库员在填报出/入库数据时，如果出/入库表单和仓库信息表单之间建立了关联关系，那么仓库员就可以直接在出/入库表单中调用仓库和库位数据。图3-10展示的是设置出/入库表单与货品档案表单数据的关联关系界面。

图 3-10 设置数据联动

数据关联有助于实现数据标准化，提高系统运转效率。在简道云上，数据关联的方式有多种：关联数据字段、关联查询字段、双向关联、字段默认值—数据联动、子表单整体联动等。每一种方式都有其优点，适用于不同的场景。在建立表单间的数据关联关系时，需要选择合适的方式，不过实际的业务场景往往比较复杂，需要多种方式结合使用才能实现想要的效果。

数据运算关系

利用第 1 章介绍的数据加工引擎，可以对不同表单的数据进行数学计算、字段拼接等操作，并将加工后得到的数据用在新的表单中。这些参与运算的表单之间就存在数据运算关系。例如，在进销存系统中许多表单存在数据运算关系。产品库存等于所有渠道的入库总数减去所有渠道的出库总数。计算库存时需要先分别汇总某仓库中产品的入库表单和出库表单的数据，再设置公式，用入库总数减去出库总数就等于此仓库中该产品当前的库存。图 3-11 所示为公式编辑界面。

图 3-11　编辑库存计算公式

数据运算关系常见于进销存系统的库存统计、财务核算等场景。在这一类系统中，数据运算关系往往是一个系统的核心，也是这个系统的价值体现。

数据同步关系

数据同步的本质是在表单之间传递数据。设定表单间的数据同步关系后，当表单新增、修改、删除数据时，系统会自动对其他表单中的相关数据进行新增、修改和删除操作。例如，按照图 3-12 设置完执行动作，库存调拨审批流程结束后，系统自动发起采购入库流程，将已通过审批的调拨申请明细表的数据同步到入库明细表中；在项目管理中，如果项目档案表中的项目名称由"项目一"变更为"项目二"，则在其他业务表单，如采购审批表、财务核算表中，该项目的名称也被同步修改为"项目二"。

图 3-12 设置数据同步的执行动作

表单间的关系不能随意设定，必须由实际的业务逻辑来决定。

设定了数据关联关系的表单，被调用表与调用表在业务逻辑中必定存在先后顺序。例如，发货单调用订单的数据，是因为实际业务中必定是先有订单才有对应的发货单。

设定了数据运算关系的表单，必定都有一个或多个字段会参与数学运算。例如，库存数等于入库数减去出库数，待回款金额等于合同金额减去已回款金额。

设定了数据同步关系的触发表和被触发表，在业务逻辑中必定存在因果关系，例如，设备损坏后需要维修，不得不停止运行，因此在设备的维修流程表和设备档案表间设置数据同步，当维修流程被发起后，系统就会自动将设备档案表中的设备状态更改为"停运"。其中，维修流程表就是触发表，设备档案表就是被触发表。

在实际业务中，一个复杂的流程往往需要用这三种关系的组合来实现，所以在梳理需求时要弄清楚业务数据间的各种关系，学习平台功能时要掌握如何设置各种表单间的关系，在实际搭建系统时才能更快地实现想要的效果。合理的表单关系能有效提高用户的操作效率，使系统更自动化。

3.4.4 数据看板设计

建立表单间的关系之后，系统就基本可以投入使用了。为了让用户实时了解业务状况，可以设计个性化的数据看板。

数据看板是为达成业务目标而设计的。如果说在业务流程模块中记录业务过程数据是让业务数据化，那么通过看板展示数据就是实现数据业务化，用数据助力业务发展。例如，对于一个生产管理系统，数据看板必须直观地展示生产计划、生产进度、当前生产状况等与生产目标相关的核心数据。这样，生产安排和流程优化就有了依据。

数据看板的设计主要有以下几个关键步骤：

（1）组件选型：根据不同的数据分析场景，选择不同的图表组件展示数据。图3-13 展示了不同的图表组件。

图表

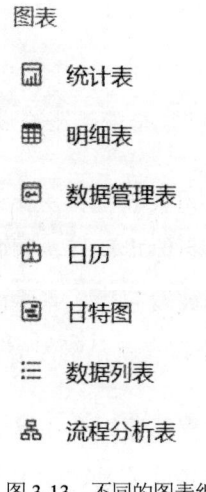

▦ 统计表

▦ 明细表

▦ 数据管理表

▦ 日历

▦ 甘特图

≡ 数据列表

品 流程分析表

图 3-13　不同的图表组件

（2）选择图表数据源（如图 3-14 所示）：看板上展示的数据可以来自表单，也可以是数据加工引擎处理的结果。

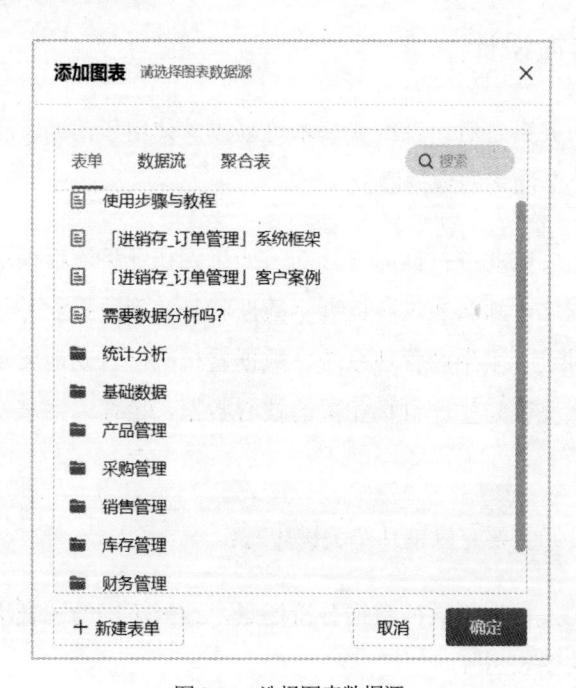

图 3-14　选择图表数据源

(3)设置数据获取权限：如图 3-15 所示，通过设置权限，确保系统的信息安全。

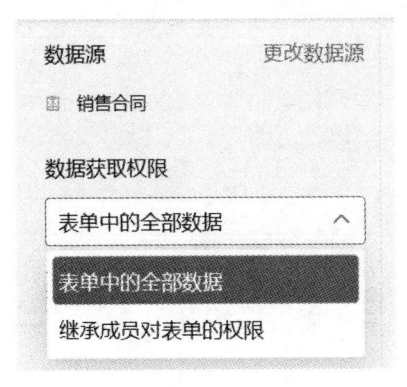

图 3-15　选择图表数据源

(4)设置维度/指标：选择数据分析的维度和需要计算的结果。

(5)设置数据过滤条件：对源数据进行过滤，只展示满足要求的数据，如图 3-16 所示。

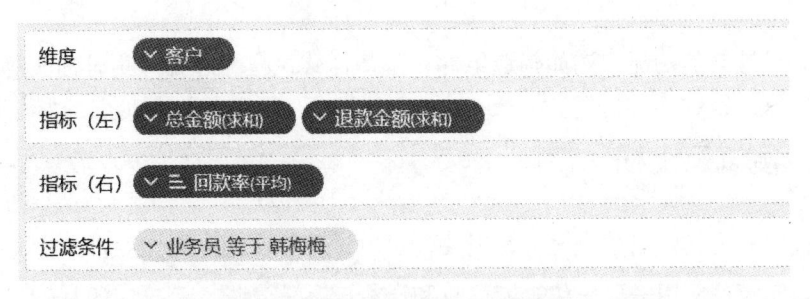

图 3-16　设置维度、指标和数据过滤条件

(6)发布看板：将看板的链接发给相关用户，如图 3-17 所示。

图 3-17　发布看板

（7）设置其他功能：例如筛选组件、整体样式风格的选择、定时提醒等。

3.4.5　测试及上线

零代码应用初步搭建完之后，需要经过测试才能上线。首先要准备好基础数据，例如，仓库管理应用需要先将仓库信息和已有产品信息导入到对应的基础信息表中，以便用户在填写采购申请、出/入库单时，直接选择仓库和产品信息。然后，根据需求分配权限，包括表单发布权限、流程操作权限和数据看板发布权限，使用户只能按照管理员为其分配的权限进行操作。同时，查看权限分配是否合理也是系统测试时的重要内容。

零代码应用的上线非常简单，由于应用都在云端，只需要将其链接或者二维码发给相关用户，他们就可以直接使用了。

3.5 在组织内推广

零代码开发平台是一种新兴事物，在没有真正发现并体会到其带来的价值时，大多数人对于这个新兴事物的接受程度并不是很高，特别是一些传统行业的企业和组织，难以迈出关键的第一步。本节从 4 个方面来讨论在企业和组织内部如何推广零代码开发平台及在其上开发的数字化系统，以带来更多的实际价值。

3.5.1 领导的作用

数字化转型的本质是优化企业和组织内的资源配置，降本增效，因此数字化转型不完全是管理流程的数字化，还包含供应链、营销、客户管理等环节业务的数字化，是一项全局工程。这个工程不仅涉及企业所有部门、所有人员，还涉及工作方式、流程，甚至组织架构，仅依靠 IT 部门是很难完成的，必须由企业"一把手"负责，并且"一把手"还要深度参与；在具体实施时，也要自上而下地规划和推进。

大部分员工仅仅站在自己的视角上看待数字化转型，可能会觉得学习使用零代码开发平台给自己带来了负担。这个时候，领导要从企业和组织管理的角度向员工宣扬数字化转型的重要性，明确零代码开发平台对企业数字化转型的价值，使企业内部在思想上达成统一。

企业的数字化转型是"一把手"工程，领导的强有力支持既是数字化转型前提，也是推广数字化系统关键。在数字化转型这场运动中，领导需要全程躬身参与。比如，亲自参与关于数字化系统使用的宣讲和培训，将数字化系统的使用写入业务的 SOP（Standard Operating Procedure，标准操作程序），设置促进数字化系统使用的考核等方式，推动企业内部对数字化系统的使用。重要的是，领导要带头使用系统。例如，在企业内推行线上审批，领导就应该明确拒绝在线下进行审批，做出示范，让员工看到其数字化转型的决心。

3.5.2 寻找合适的切入点

除了领导的支持,还要找到一个合理的切入点,让员工能平滑地过渡到使用数字化系统。

简单、覆盖人群广的场景适合作为切入点。简单的场景更容易开发零代码应用,而且应用能够快速上线,展示出其价值。如果应用设计得过于复杂,就很难推广至全组织使用。选择一个用户群体较大的场景来开发应用,能使员工快速地建立对零代码应用的感知,并在日复一日的高频使用中培养数字化思维和习惯。例如,可以筛选出出勤打卡、报销、客户线索跟进等场景开发应用,然后以这些应用作为切入点在企业内部推广零代码开发平台。

3.5.3 培养数字化思维

对于在内部成功推广过数字化工具的企业来说,让员工接受零代码开发平台难度不会很大;而对于本身缺乏数字化氛围的企业来说,这就有点难度了,需要加强宣导,先培养数字化思维。这是一项长期的工作,可以从流程线上化和数据标准化两个方面着手。

流程线上化

流程管理是大多数企业和组织业务管理的核心,但还是有不少企业内的流程运转还是"跑腿"模式,信息传递的效率很低。利用零代码开发平台把流程搬到线上,不仅可以提高管理效率,还可以使员工真切感受这个数字化工具带来的便捷性。而这种便捷性就是一种催化剂,它缓慢地改变员工对零代码开发平台的态度,使其从抵触到接受,并在使用的过程中,逐渐转变思维模式。

数据标准化

数据标准化是指,对于业务中涉及的数据,将其命名方式、类型、格式、单位等进行统一和规范化，让各个业务部门在进行数据的收集、流转和统计时有标准可依。

举个例子，在采购流程中，如果采购需求中描述的产品规格、型号、单位与实际采购的不一致，就会导致后续业务流程无法进行或者增加不必要的成本。如果对这些产品数据进行标准化处理，采购流程的效率就会提高不少。比如，先制定标准，然后统计产品的规格、参数等基础信息，再为产品赋予专属编号。在采购产品的时候，根据编号就能查看到产品信息，按需下单即可。

其实，数据标准化就是让员工用"数字化系统的方式"对待业务中的相关数据。当员工习惯于在业务中使用标准的数据，按照标准的流程办事的时候，就已经熟悉了零代码开发平台表单引擎和流程引擎的操作逻辑。企业用数据标准化提高管理效率，也就是在用数字化思维解决问题。实现数据标准化以后，在企业内部推广零代码开发平台，员工就更容易接受。

3.5.4　和用户一起迭代

如果数字化系统的用户体验不尽如人意，就很难在组织中推广。而提升用户体验的最佳策略，就是让开发者和用户一起迭代系统。

当系统投入使用之后，用户难免会提出各类迭代需求。在传统软件开发模式下，用户需要向 IT 部门或软件开发商提出迭代需求，然后经历漫长的等待，投入一定人力和财力，系统才能完成迭代。这个过程大大降低用户的使用体验，不少用户也是在一次次需求没有被满足之后而放弃使用系统的。

而零代码开发的速度快，只需简单的鼠标操作就能对系统进行修改，一键保存后就可以使用。因此，开发者可以和用户一起迭代，在用户面前将系统改成他们想要的形式。用户可以直接在屏幕上看到系统的搭建逻辑，一旦发现不符合其需求的地方，就能直接指出来，请开发者进行修改。有条件的话，开发者还可以指导用户自主对系统进行迭代，增加用户的参与感。

当系统经过迭代，解决了用户越来越多的需求时，在组织内推广时就会顺利得多。用户熟悉零代码开发平台的操作以后，IT 部门还可以引导用户自主开发新的系统，解决自己在业务中遇到的问题，充分发挥他们的创造力。本书也在第 7 章提出了一个全新的概念——全民开发。相信感兴趣的读者阅读完这一章之后，会有所收获。

3.6　保障信息安全

信息安全是企业管理的红线，本节将介绍，零代码开发平台和企业如何保护系统和数据免受未经授权的查看、使用及修改，不被破坏。

3.6.1　零代码开发平台的信息安全

零代码开发平台厂商会从物理安全、网络安全、数据安全、运维安全四个方面保障平台的信息安全。

物理安全

由于大多数零代码开发平台的服务器都部署在阿里云这一类加密保护的云平台上，云平台的防护机制保证服务器安全可靠。

网络安全

零代码开发平台的网络安全是通过网络访问控制来保障的。厂商对所有生产环境服务器按照逻辑进行分组，组与组之间使用防火墙进行隔离，分组之间的互访都定义了严格的流入和流出规则。

数据安全

零代码开发平台厂商通过加密核心数据、多点灾难备份、排除网络爬虫、数据传输全程加密、记录用户操作日志、密码保护，以及防御 CSRF（跨站请求伪造）、XSS（跨站脚本攻击）和 SQL 注入等多种措施，确保数据库安全及企业用户数据不被泄露。

运维安全

零代码开发平台厂商都有一套切实可行的运维流程及应急灾难处理机制。以简道云为例，其通过服务器登录授权、分级运维制度、应急灾难处理保障运维安全。

◎ 服务器登录授权

简道云的所有生产环境服务器都要用密钥对才能登录，不使用密码登录。密钥对采用公钥密码技术（基于 2048 位 SSH-2 RSA）加密和解密登录信息，只有拥有 PEM（保密增强邮件）格式密钥对文件的人员才可以连接服务器。这种登录授权方式，使得恶意攻击者无法通过猜测服务器的用户名和密码来连接服务器。

◎ 分级运维制度

对所有能够接触生产环境服务器的人员，都进行严格的分级授权管理。只有极少数的人员得到授权后才可以访问数据中心。采用"结对运维"制度，只要是操作生产环境服务器，就必须至少有两人在场，同时对生产环境服务器的每一次操作都要做好日志记录。

◎ 应急灾难处理

简道云团队内部组建了一支应急灾难处理分队，由 CTO 直接负责，在遇到问题时，该分队会立即响应，按照灾难应急处理流程及时解决。

3.6.2 企业系统的信息安全

信息安全是贯穿数字化系统的整个生命周期的主题，企业可以在明确业务需求、平台选型、搭建系统等阶段采取措施，保障系统的信息安全。

在明确业务需求阶段，需求的收集者需要和相关业务人员一起整理需求：按照企业规范，确定不同的成员应该具有什么样的业务权限，哪些信息在内部是可以公开的，哪些信息是只有特定成员可以获取的。

确认需求之后，可以从应用权限、操作权限、数据权限三个维度来构造系统的权限体系。应用权限指的是成员是否能访问各个应用；操作权限指的是用户在应用中可以对数据进行哪些操作（比如查看、编辑、添加、删除、导入/出等），数据权限是指用户能看到哪些数据。通过设置这些细分的权限，可以实现对内部成员的精细化管理，确保每项业务操作都按照企业规范执行。

在平台选型阶段，可以根据 3.2 节介绍的 4 个方面来考察平台的信息安全措施。有一个最简单的方法，就是查看厂商的资质。企业可以参考公安机关的评定结果，判断零代码开发平台的可靠性。在我国，目前对非银行机构的最高信息安全等级保护认证级别是"等保三级"，如果厂商通过该认证，就表明其信息安全管理能力达到了国内的最高标准。

即便选择了可靠的零代码开发平台，在后续开发和使用系统的过程中，企业也有诸多地方需要注意。很多企业信息安全事故都是内部用户的不规范操作造成的。因此，要加强内部安全管控，确保系统使用过程中的信息安全。

设计系统时，要考虑清楚用户的权限设计，以权限控制来规范用户操作，从而保障系统的信息安全。本书的第 1 章介绍过如何在零代码开发平台上管理内外部用户的操作权限，可参考这些内容进行设计。

本章介绍了企业引入零代码开发平台的步骤，遵循这些步骤将事半功倍。但是，所有方法在应用时都要因时因地制宜，企业还需要脚踏实地地践行数字化转型，探索最适合自身实际的路径。

4

零代码开发平台在典型
　业务场景中的应用

尽管行业属性导致企业在业务上存在差异，但企业的经营是存在某些共性特征的，可以从中抽象出通用的业务场景，例如客户关系管理、供应商关系管理等，这些业务场景也是企业数字化转型的共性需求的来源。

第 1 章提到，零代码开发平台为企业的共性需求提供了开箱即用的场景模板。本章以简道云 CRM（客户关系管理）模板和 SRM（供应商关系管理）模板为例，介绍如何利用零代码开发平台优化企业的业务管理。

4.1 零代码 CRM 系统

CRM 系统是管理企业与现有客户及潜在客户之间关系的系统，其目的是提高企业的盈利能力、利润与客户满意度。CRM 系统的建设是许多企业在数字化转型过程中的重要环节。

一般来说，企业的经营都包含研发、生产、获客、销售、回款等环节，CRM 系统主要在获客、销售和回款环节起作用，旨在解决市场、销售、高层管理等人员的需求。表 4-1 列出了 CRM 系统解决的管理问题。

表 4-1 CRM 系统解决的管理问题

相关部门	类目	详细问题
市场部	市场管理	获客效率低，难度大
		不清楚各个营销渠道及营销活动的 ROI
		好不容易获取的客户却没有人跟进
销售部	客户管理	客户"撞单"现象时有发生
		对客户的跟进情况和订单信息的记录太分散
		销售人员维护的客户数量不稳定，而且常忘记跟进
		销售人员拜访客户，既缺少日程记录，也没有日程安排
	销售管理	销售主管不知道销售人员每天在做什么
		对销售业绩的统计不够及时
	商机管理	销售主管不知道销售人员手里有多少个可以成单的商机
		销售主管难以了解不同销售人员的成单周期、成交金额等信息

续表

相关部门	类目	详细问题
	订单管理	纸质形式的报价效率低
		报价单的审核速度慢

传统的 CRM 软件致力于解决表 4-1 中列出的业务场景下的问题。不过，这些成品软件价格不菲，而且后续如果想对软件进行迭代升级，需要投入不少人力、资金和时间成本。相比之下，利用零代码开发平台搭建 CRM 系统，落地速度更快、成本更低，也更容易满足企业的个性化需求。下面将介绍如何在零代码开发平台上搭建 CRM 系统。

4.1.1　CRM 模板简介

如果把零代码开发比作用积木盖房子，那么模板就是搭建好的"成品房"。开发者可以直接使用模板，也可以根据需求对模板进行个性化的修改，高效便捷，大大减少了开发的工作量。

简道云 CRM 模板提供了市面上 CRM 软件所具备的标准功能，比如客户跟进、线索领取等，同时也支持基于零代码开发平台对预设的功能进行修改，抑或增加个性化功能，比如产品库管理、合同管理等。图 4-1 列出了简道云 CRM 模板提供的功能。

CRM 模板的功能架构如图 4-2 所示，包含市场获客、线索分配、客户跟进、商机管理、商务过程和售后管理等 6 大模块，完整覆盖了 L2C（Leads to Cash，即"从线索到现金"，一种企业运营管理思想）流程。下面我们以这个流程为主线详细介绍 CRM 模板的模块功能。

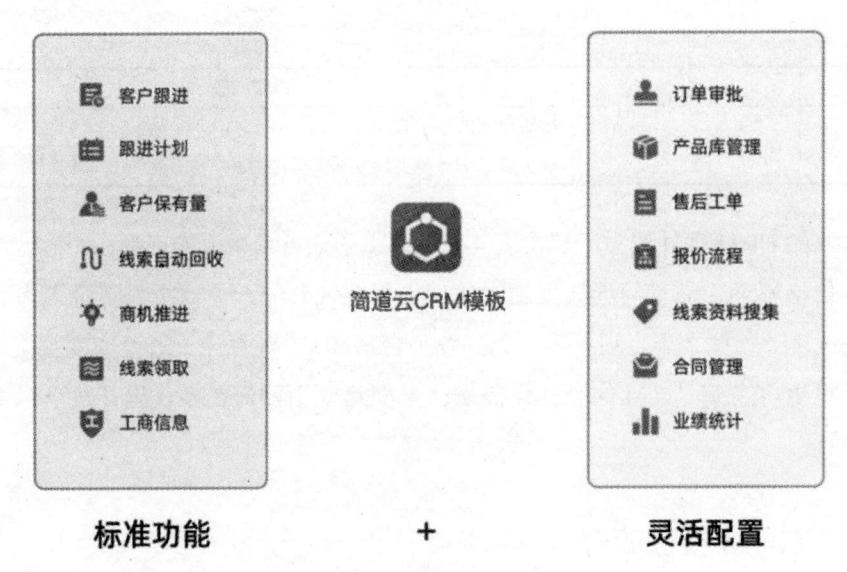

图 4-1 简道云 CRM 模板的功能

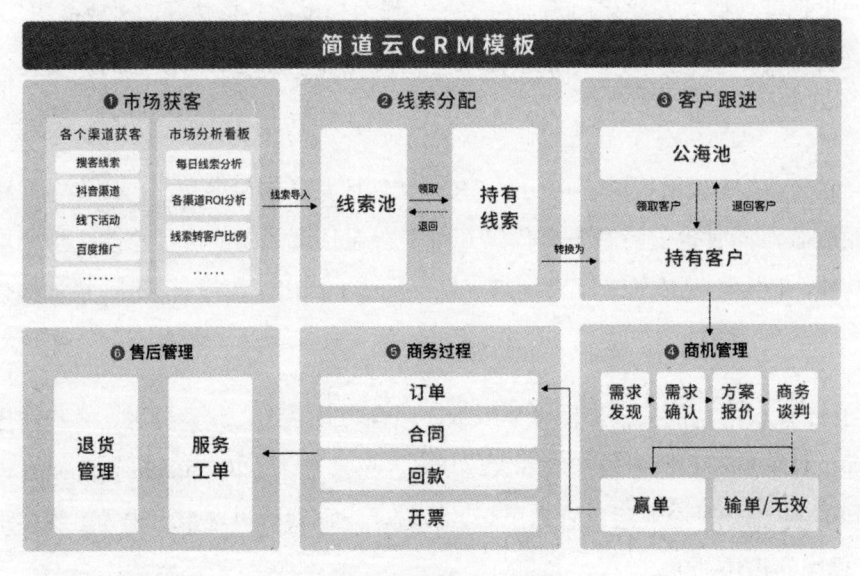

图 4-2 CRM 模板的功能架构

1. 市场获客

在获客阶段，基于零代码开发平台的表单引擎、流程引擎、数据加工引擎、数据报表引擎等基础功能，CRM 模板能够实现：

◎ 按照企业名称等信息搜索目标客户的简介、联系人等信息。
◎ 统计企业营销活动中所发放的营销资料和获取的客户信息。
◎ 导入从抖音、微博、百度等渠道获取的客户信息，搭建如图4-3所示的市场线索分析看板，实时查看各渠道的客户量、客户跟进情况等。
◎ 记录市场业务情况，沉淀专业知识，构建团队专属的知识库。

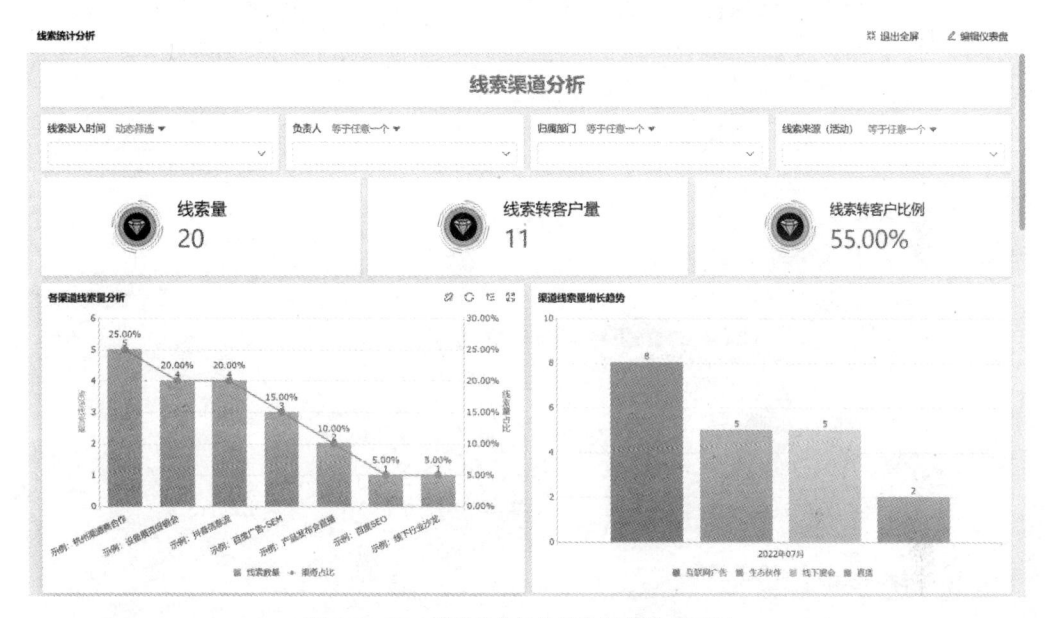

图4-3 CRM模板的市场线索分析看板（局部）

2. 线索分配

当客户通过各类市场渠道、销售渠道了解了企业的产品时，也就进入了第二阶段：线索分配。所谓线索，是对企业的产品有意向的客户的统称。此时，大量不同来源的线索进入CRM模板的线索池，这些线索接下来需要由不同的销售人员跟进。为了防止发生"撞单"，要由销售管理人员对线索进行分配。

如果销售人员发现线索质量不高，可以像图 4-4 所示的这样，手动把不符合要求的线索退回线索池。隔一段时间后，也可以从线索池再将该线索"捞"上来重新跟进。

图 4-4　将线索退回线索池

3. 客户跟进

当销售人员跟进某线索，并评估其为合格线索后，该线索就正式转为客户。如图 4-5 所示，CRM 模板为每一个客户都设置了一个相当于名片集的资料库，其中包含该客户的多个联系人信息，销售人员可以在客户信息表中快速添加客户跟进计划与跟进记录。CRM 模板有日程提醒功能，可提醒销售人员查看当前需要跟进的客户。

图 4-5 客户资料库

当然,在跟进客户的过程中,销售人员也会发现有些客户暂时没有购买需求。因此,CRM 模板提供了"公海池"功能,将不同行业、地区的客户资料放在一起,形成公共的客户池。公海池中的客户可以被有权限的销售人员看到,并放到自己的客户池中;对于销售人员判定没有成单机会的客户,也可以将其资料放到公海池中。

4. 商机管理

一般来说,销售人员与客户打交道时,可能会发现多个成交机会,也就是商机。一个完整的商机管理周期大概包括产品咨询、报价、方案评估,直到最后赢单或输单。对商机进行管理是销售人员赢单的关键。

CRM 模板中的商机管理界面如图 4-6 所示。每当销售人员将商机推进至一个新阶段时,就可以在商机表中进行记录。销售经理通过全局漏斗图,可以清晰地看到目前各个商机的推进情况,包括有多少商机在报价阶段、谁的商机最后赢单了,以便快速发现销售人员所采用方法的优点与问题,对团队进行管理。

| 需求发现 20% | 需求确认 | 方案报价 | 商务谈判 | 赢单 | 输单 | 无效 |

| 基础信息 | 跟进记录 | 数据日志 |

标题
大宗教具采购

商机名称	商机编号
大宗教具采购	SJ0000010

客户名称	客户编号
【演示】上海振泽教育科技公司	C-20210906-0000008

客户联系人	销售阶段
【演示】马丽	需求发现

赢率	阶段类型
20%	进行中

图 4-6　商机管理界面

5. 商务过程

当销售人员确定赢单后,可以发起订单、签订合同、回款计划、开票申请等流程。不过很多企业的销售团队有自己的报价、订单及合同管理流程,而且会随时间和业务的发展而调整,因此能自定义流程设计对企业来说非常重要。在 CRM 模板中,可以根据自身需求自定义商务流程,有效提升了业务和管理效率。图 4-7 展示了 CRM 模板中的产品报价单编辑界面。

6. 售后管理

CRM 模板还提供售后管理功能。在售后阶段,如果客户提出退货,销售人员或者售后服务人员可以在后台直接发起退货申请,退货流程将按照预先设计好的规则,提醒相关人员进行处理。如果有客户需要售后服务,比如需要现场测试、安装、演示等服务,CRM 模板提供服务工单(如图 4-8 所示),可供销售人员记录工作任务。

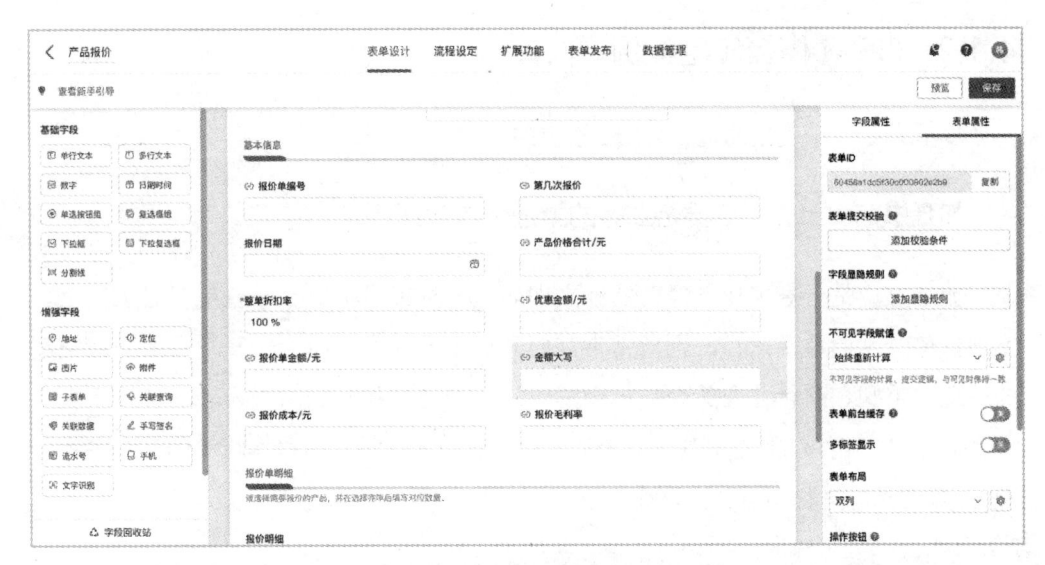

图 4-7 产品报价单编辑界面

图 4-8 服务工单

CRM 模板通过以上 6 大模块，帮助企业管理整个销售过程。企业可以在 CRM 模板的基础上进行修改，开发自己的 CRM 系统，还可以进一步安装进销存、生产管理等其他模板，或者开发新的应用，构建更加完善的数字化系统。

4.1.2　CRM 模板应用案例

本节介绍两个使用简道云 CRM 模板的案例。

如是书店：独立书店混合业态的渠道合作管理

如是书店是一家多业态经营的独立书店，与外部渠道合作一直是其寻求突破、实现价值变现的重要途径，因此常常需要开展新商业空间的合作开发、旧商业空间的改造与重塑、跨行业商务合作机会的对接、异业合作及资源置换等业务。市面上大多数 CRM 软件仅能提供基础的书店 CRM 功能（即与图书售卖相关的客户关系管理），要对功能进行调整就会产生二次开发或定制费，动辄几千元甚至数万元。

为了实现混合业态的渠道合作管理，同时不增加过多的成本，如是书店利用简道云 CRM 模板开发了自己的 CRM 系统，图 4-9 展示了该系统的界面。

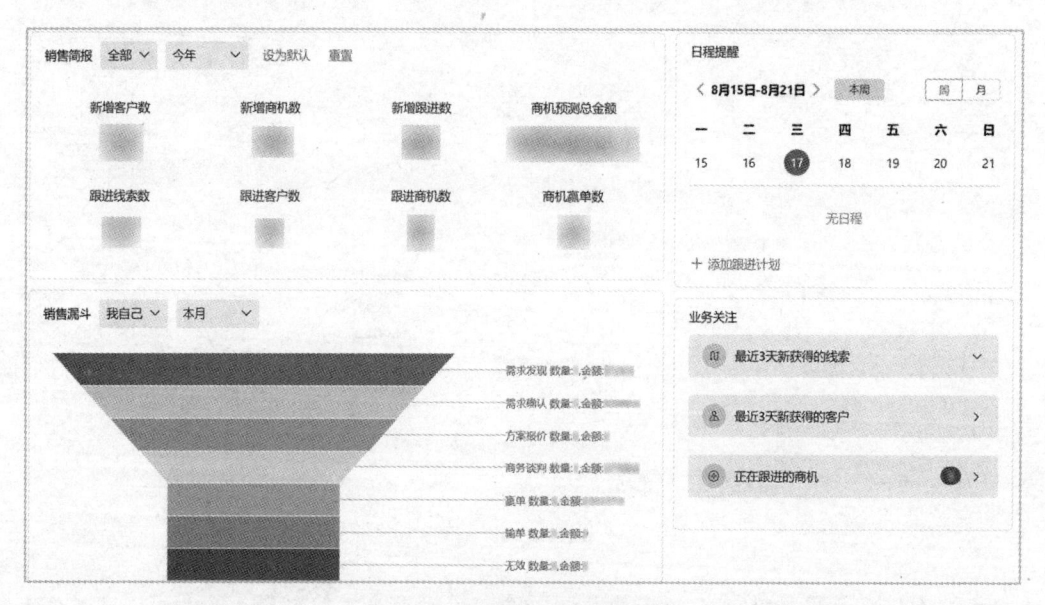

图 4-9　如是书店 CRM 系统界面

对于如是书店而言，这个 CRM 系统的价值主要体现在以下 3 个方面。

1. 系统之间数据互通，避免产生数据孤岛

如是书店之前已经在简道云平台上搭建了各类 OA、ERP、项目管理等子系统，现在又搭建了 CRM 系统，各系统中的人员、物资、财务等信息很容易实现关联，系统之间数据互通。

2. 迭代速度快，员工易上手

简道云 CRM 模板已提供标准的客户关系管理功能，如是书店根据自身的需求对模板进行迭代即可生成自己的 CRM 系统，而且不用编写代码，快速高效。由于这个系统是如是书店根据实际需求自主搭建的，员工无须花额外的时间适应系统的管理要求，就可以直接上手使用。

3. 自定义 CRM 功能，更适配业务需求

如是书店的数据技术团队负责开发 CRM 系统，由于团队对书店的业务非常熟悉，能够基于模板快速开发自定义功能，使得系统更适配业务需求。

在市面上找不到适合独立书店的 CRM 解决方案的情况下，如是书店数据技术团队通过自主开发，为大客户营销与支持团队提供了数字化工具。而且，由于如是书店的数字化系统全部基于简道云搭建，CRM 系统能够与其他系统实现数据互通，数字化系统矩阵也得以完善。CRM 系统上线以来，得到了关键业务部门的广泛认可和好评，同时也节省了定制开发的成本。

青宇机构：自定义构建物业服务商的全流程 CRM 系统

青宇机构是一家物业服务商，该公司曾使用过 CRM 成品软件，但是这些软件不支持对现有功能进行自定义修改，也无法和公司其他的业务系统打通，实现数据互联。青宇机构的 IT 部门经理按照公司实际情况调整了简道云 CRM 模板中的业务逻辑，仅用两天的时间就搭建出 CRM 系统，不仅实现了 CRM 成品软件所具备的功能，还满足了公司多样化的销售管理和客户管理需求；业务人员也能够快速上手系统，

几乎不需要投入学习成本。

青宇机构基于简道云模板搭建的 CRM 系统，具有以下 3 大亮点：

1. 实现与其他系统的数据互通

此前，青宇机构在简道云上已经搭建了存档管理、专家管理等系统。销售人员在 CRM 系统中完成营销、回款动作后，将流程转给运营人员，运营人员在专家管理系统里申请评审，再由相关部门指派专家进行评审。最后，所有信息归档至存档管理系统，包括项目信息、绩效管理、档案的借阅与归还、甲方满意度、统计报表等。过去，青宇机构需要先在简道云上走完专家评审和存档流程，再把数据在原先的 CRM 软件中录入一遍。现在，青宇机构只需根据 CRM 系统中的合同编号，就能查询专家评审结果、项目信息等与合同相关的所有信息，各个系统间的数据是联通的。

2. 自定义分析商机、合同执行及营收情况

基于 CRM 模板自带的常用报表，青宇机构根据自身需求，设计了关于商机、合同执行情况和营收分析的报表，方便管理人员查看商机数量、预估成交金额、结转营收额、业绩营收额、结转业绩合同额、合同完成度等信息，实现销售数据实时、透明、可控。

3. 设置销售绩效"龙虎榜"

为了实现目标管理和激励政策管理，青宇机构利用数据报表引擎设置了销售绩效"龙虎榜"，对内展示销售团队业绩排名。"龙虎榜"能实时展示参与绩效考核的销售人员数、每个人的绩效平均得分、每个人的考核明细等信息。销售绩效"龙虎榜"是青宇机构在 CRM 模板的基础上扩展的功能，提升了销售团队的积极性，为销售管理赋能。

4.2 零代码 SRM 系统

SRM 系统是一种旨在加深企业和供应商之间紧密关系的系统。在对企业的访谈及调研中，我们发现目前很多行业的供应商关系管理普遍存在以下 4 大痛点。

1. 缺乏统一的管理体系

许多企业缺乏统一的供应商关系管理体系，导致无法统计供应商信息及采购数据，因此也很难对供应商进行考核与评估，而供应商的资质认证不规范，又使得优质供应商越来越难找，货品质量参差不齐。

2. 全链路管理难度大

一般来说，完整的采购过程包括收集采购需求、立项、招标、签订合同、执行采购订单等步骤，涉及的流程及环节很多，而且不同行业与规模的企业对采购过程有着不同的管理规范和要求。因此，全链路管理的难度较大。以内部采购需求管理为例，许多企业没有统一的工具来管理采购需求，采购需求以 Excel 文件、邮件等各种形式分散在不同的地方，既容易遗失，也难以汇总和管理。并且，由于缺乏规范的采购申请审批流程，采购信息无法及时存档，很难对历史采购记录进行稽核与审查。

3. 文件签署耗时耗力

采购过程一般涉及采购招标公告、招标文件、中标通知、订单、合同、对账单、付款单等大量文件，不少企业靠人工来完成这些文件的打印、盖章及送达等工作，不仅耗时耗力，而且效率低。

4. 采供双方难协作

采购过程中的寻源、下单、发货、入库、对账等多个环节都需要采供双方协同处理。有些企业与供应商主要依靠邮件、电话、微信等方式来完成询/报价、签署合同、通知发货、对账付款等工作，不仅效率低，也容易出现错误。以一个常见的询/报价场景为例，采购员需要手工编制报价单，然后通过邮件、微信等方式发给供应商，再汇总所有报价单。整个报价环节效率偏低，企业难以监控报价的过程，存在管理上的风险。

针对以上痛点，简道云提供了 SRM 模板，帮助企业建立统一的供应商管理体系。这个 SRM 模板几乎涵盖了企业供应商管理和采购管理的所有流程，企业可以根据自身实际情况进行增减和优化，实现采购的全链路管理。SRM 模板将需要签署的文件设计成流程表单，在手机或电脑上点击按钮、手写签名或加盖电子签章，即可完成审批，流程就会自动流转。对于需要打印的文件，SRM 模板还提供自定义打印功能，实现套打。

SRM 模板的一个特色是提供企业互联功能，使企业和供应商能在同一个系统中协同办公。只要将供应商接入简道云企业互联通讯录，信息同步、询/报价、确认采购订单、发货、收货、质检、入库、对账、审批、付款等一系列流程都能自动执行，最终实现跨组织的业务协作。企业还可以使用 SRM 模板中的仪表盘功能制作全方位、多维度的统计报表，实时掌控采购情况、采购进度，实现智能化的供应商全生命周期管理。

4.2.1　SRM 模板简介

下面我们通过简道云 SRM 模板的供应商管理、采购需求管理、询/报价管理、订单协同、财务协同、通知公告、绩效管理等 7 个模块，介绍其功能。

1. 供应商管理

供应商管理模块保存供应商的基础数据，这些数据是构建 SRM 系统的基础。"供应商注册"表单用于收集供应商基本信息，企业（采购方）可以以外链的形式将表单发给供应商，待其填完表单后，再通过 "供应商准入"表单（如图 4-10 所示）

对供应商资格进行审批。通过了审批的供应商，其信息会被添加至"供应商信息"表单中，存入企业的供应商库。这样，在后续其他的流程中就可以直接调用这些数据。

图 4-10 "供应商准入"表单

为了便于后期与供应商协同办公，可以通过企业互联功能，将通过审批的供应商接入互联组织通讯录，并设置双方的对接人，如图 4-11 所示。

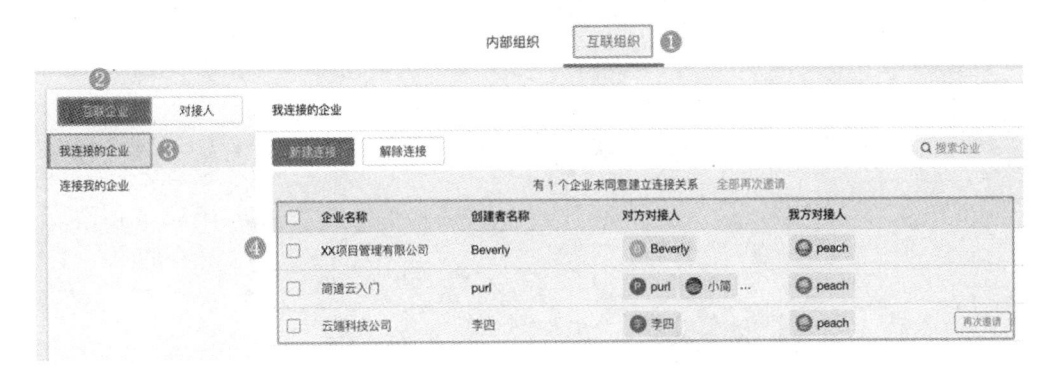

图 4-11 设置企业互联通讯录

将外部供应商接入企业互联通讯录之后，要为其分配权限（如图 4-12 所示），使其能填写及修改必要的表单信息。

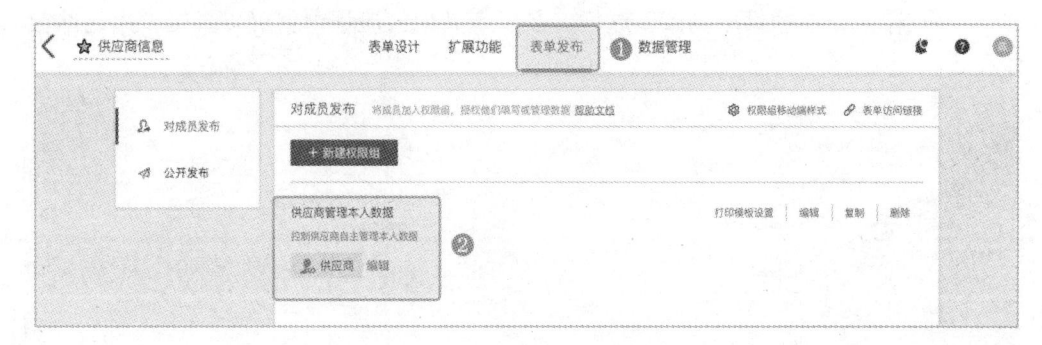

图 4-12　为供应商分配权限

2. 采购需求管理

做完以上设置后，企业和供应商就可以协同开展采购业务了。企业（采购方）填写如图 4-13 所示的采购申请单，经过审批后，申请单中的需求进入需求池，再由采购部门进行处理。

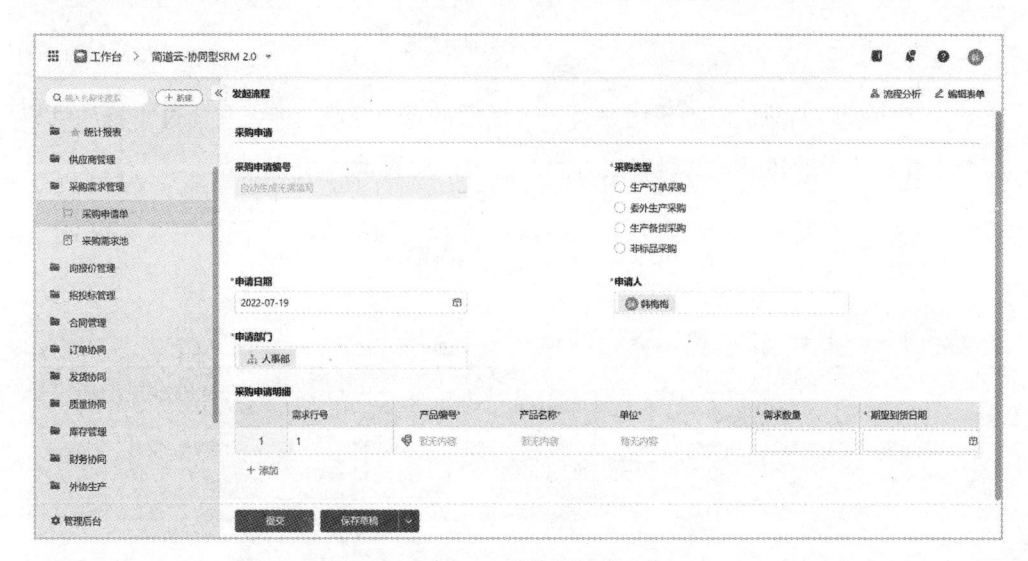

图 4-13　采购申请单

3. 询/报价管理

采购部门将采购申请单汇总后，整理出询/报价需求明细。采购人员在"采购发起询价"表单（如图 4-14 所示）中可以根据询/报价需求信息，选择希望报价的供应商发起询价。

图 4-14　发起询价

被选中的供应商会收到待办报价流程的提醒，点击相应的待办流程即可填写报价明细并上传报价单，如图 4-15 所示。

图 4-15 供应商报价

4. 订单协同

根据供应商提交的报价，选择有意合作的供应商。然后，采购部门发起采购订单流程。在采购订单表（如图 4-16 所示）中能直接调用已有的供应商及订单明细等信息。

采购订单表经过审批、打印、盖章、上传后，再流转至供应商，由其确认合同。整个流程如图 4-17 所示。

通过零代码开发平台的权限管理功能，企业可以将填写发货通知单（如图 4-18 所示）的权限分配给供应商。供应商只需选择采购订单编号，模板就能自动调出产品明细。发货后，供应商提交发货通知单。货物到达后，再由企业的仓库管理人员进行入库处理，完成发货及入库流程。

图 4-16 采购订单表

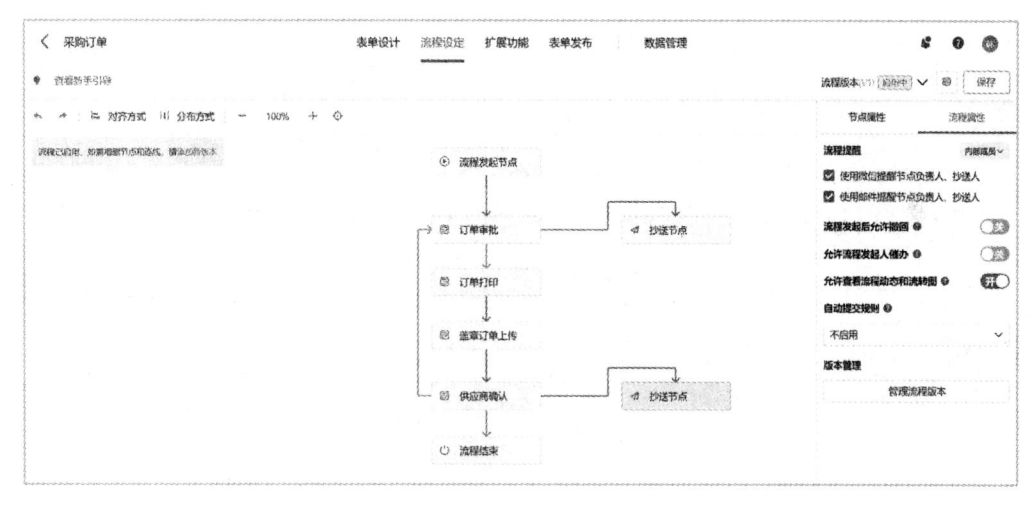

图 4-17 采购订单的流程

图 4-18　发货通知单

5. 财务协同

　　财务协同模块可以实现线上对账，以及发票入账和付款单的管理。企业可以将发起对账单流程的权限分配给供应商，供应商在完成发货流程之后填写对账单（如图 4-19 所示）。和填写发货通知单类似，在对账单的"发货明细对账"一栏中，选择订单编号，就能自动显示产品明细和金额。供应商确认无误后即可发起对账单流程。

　　供应商发起流程后，对账单流转至企业进行多轮审批。输入税率后，对账单自动计算含税和不含税金额。对账无误之后，双方可以签字确认，企业也可以要求供应商上传盖章版本的对账单（如图 4-20 所示）。

4 零代码开发平台在典型业务场景中的应用 | 101

图 4-19 对账单

图 4-20 审批对账单

6. 通知公告

当企业有对外的通知或公告需要发布时,可以在"日常通知公告发布"表单中填写信息,并选择需要告知的供应商,如图 4-21 所示。

图 4-21 发布通知或公告

被选中的供应商将收到通知，如图 4-22 所示。

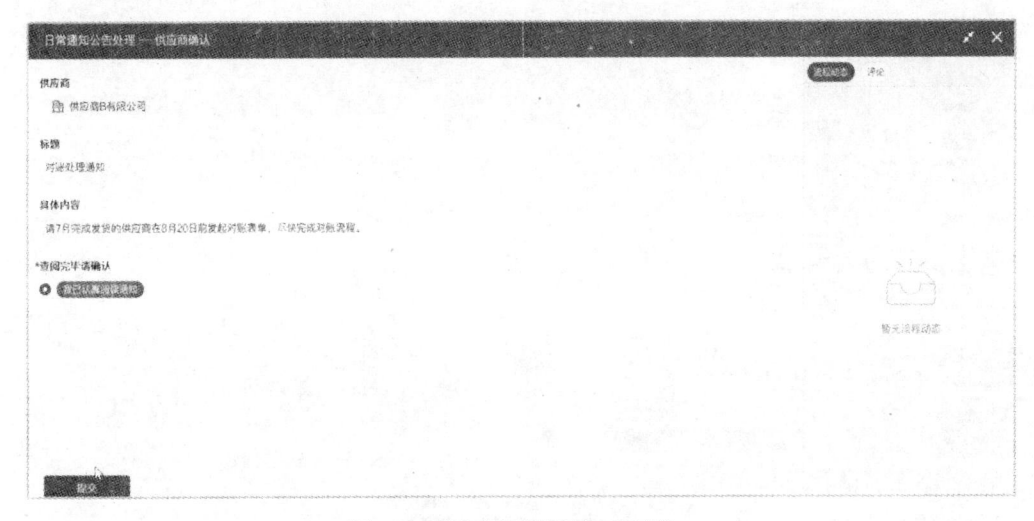

图 4-22 供应商收到的通知（示例）

7. 绩效管理

通过绩效管理模块，企业可以对供应商进行考核，并在"供应商考核统计"看板中查看供应商的考核结果。供应商也可以在"供应商考核统计"看板中查看自己的得分情况（企业可以设置权限，使供应商只能看到自己的分数），及时获知商品的到货率、及时率等信息，如图 4-23 所示。

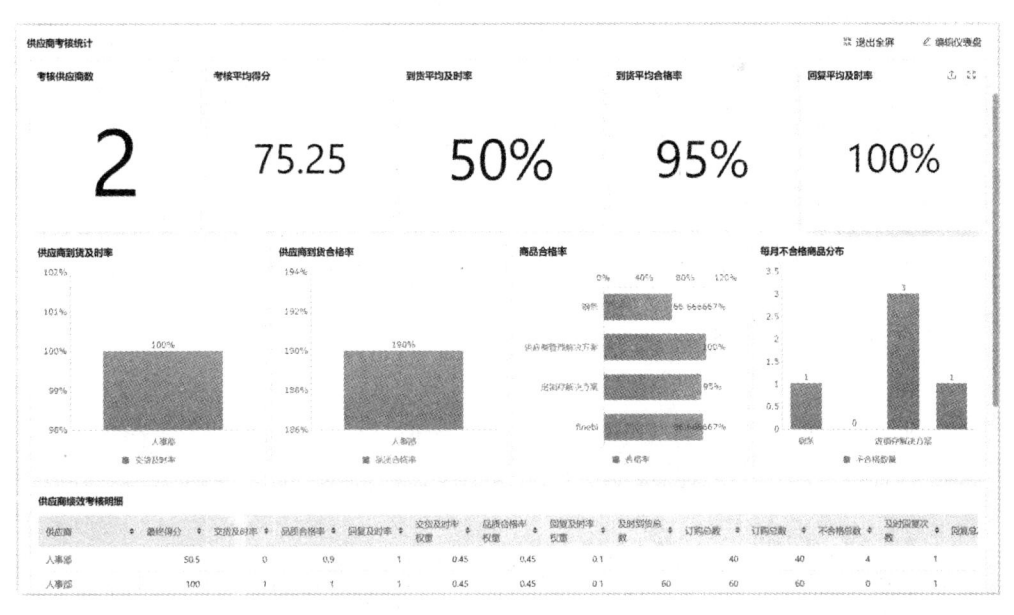

图 4-23 "供应商考核统计"看板

4.2.2　SRM 模板应用案例

本节介绍一个使用模板构建 SRM 系统的实战案例。

贵州新基石：建筑设计公司的供应商协同管理系统

贵州新基石建筑设计有限责任公司（以下简称"贵州新基石"）前身为贵州省新基石建筑设计研究所，是一家具有深厚底蕴的建筑设计公司，积累了很多优质的供应商资源。

建筑工程项目的供应商非常多，然而贵州新基石的大多数管理系统都仅限内部使用，如果需要了解供应商的相关信息，只能先通过别的方式收集信息，再由专人填到系统中，存在信息不对称、沟通效率低下、信息填报耗时耗力等问题。因此，贵州新基石迫切需要一套能与供应商线上协同办公的系统。

贵州新基石尝试了多款 SRM 成品软件，有的软件无法满足其协同办公的业务需求，而如果进行二次开发，定制一套系统的话，价格昂贵，周期较长；有的软件具备跨组织协同办公能力，但是采购成本又超出了公司预算。最终，贵州新基石不得已放弃这个方案。

为了以能承受的成本实现个性化业务需求，贵州新基石基于简道云 SRM 模板，自己开发了一个系统，实现了招投标全流程数字化管理和供应商订单协同管理。

招投标全流程数字化管理

过去，招投标管理一直是贵州新基石内部管理的一大难题。每次招投标，都要打电话通知供应商，线下举办投标会，传送各种 Excel 文件等，不仅效率低，而且信息不透明，存在不公平竞标的风险。

贵州新基石对简道云 SRM 模板中的供应商管理、询/报价管理等模块做了自定义修改，实现了包含供应商入库审核、邀标、投标、答疑、评标、开标、中标通知、合同签订等环节的招投标全流程一站式管理，功能如表 4-2 所示。贵州新基石邀请所有供应商加入企业系统通讯录，为他们设置操作权限。这样，双方就可以在同一个系统内进行协作，工作效率都得到提升。

表 4-2 招标管理功能列表

业务场景	系统功能
供应商入库	与潜在供应商建立联系，并审核其资质
邀标	邀标时通过微信公众号、短信等渠道自动通知供应商
投标	供应商登录系统即可查看自己可参与的标的，并发起投标
答疑	如果供应商对标的提出疑问，招标组能实时收到消息，并进行答疑
评标	线上评标，并根据评标模型自动计算分数
开标	自动发送开标通知给参与评标的供应商，并自动生成评标报告
签约	自动发送中标通知给中标的供应商，并且可线上打印中标合同

供应商订单协同管理

解决了招投标管理这个最大的难题以后，贵州新基石开始用同样的方式优化订单的发货、入库、对账等环节。

和招投标类似，贵州新基石与供应商的协作也存在很多沟通上的痛点。以订单的发货为例，之前，供应商发货之后往往不能及时告知发货情况，如果贵州新基石的项目部想要跟踪发货进度，只能由员工通过微信或打电话找供应商询问，信息是滞后的。供应商会将纸质发货单、出厂报告、合格证等随着货物一并发出。因此，收到货物后，项目部的资料员需要把纸质单据上的数据再录入到内部系统，这种工作方式既烦琐又低效。

由于此前供应商已经被接入贵州新基石的企业通讯录互联体系，只要为其统一设置操作权限，要求其在流程的每一步做好记录，贵州新基石就可以通过报表查看订单发货、入库、对账的实时情况。于是，贵州新基石基于 SRM 模板，按照自己的实际业务逻辑优化了 SRM 系统。优化后的系统能够实现表 4-3 中所列的功能。

表 4-3　优化后的系统功能列表

业务场景	系统功能
供应商信息协同	供应商可自主查询及修改本公司的介绍信息、资质证书等
历史合作信息协同	供应商可自主查看招/投标、发货、入库等流程的历史信息
发货协同	供应商一键发货，系统自动打印出格式统一的发货单，并自动通知采购人员
入库协同	到货后，系统自动将发货明细填入入库单，并且给供应商发送入库通知
对账协同	供应商可实时查看自己的发货数、入库数、对账金额等

成果总结

基于简道云 SRM 模板，贵州新基石的 IT 总监仅仅用了 3 周时间，就搭建了一套 SRM 系统。根据该公司前期做的调研，与寻找软件商定制开发系统相比，在零代码开发平台上自主开发系统节省了约 200 万元的开发成本；并且，开发效率高，后期的系统维护也更加方便。SRM 模板提供的企业互联功能，是供应商真正参与了整个业务流程，很大程度上提高了贵州新基石供应商关系管理的效率。

目前，贵州新基石用这套系统管理超过 500 家供应商，过去 5 个人做的事情，现在 1 个人就能完成；更重要的是，解决了招标采购信息透明化、全程数字化管理的需求，实现了与外部伙伴的高效合作。

5

零代码开发平台的典型行业应用

不少零代码开发平台都为行业的共性需求提供了开箱即用的行业模板。本章以简道云为例，介绍其为建筑业和制造业提供的行业模板，以及模板的应用案例。

5.1 在建筑行业的应用

建筑行业的数字化转型尚在起步阶段，当前的主要目标是，借助数字化系统保障工期，保证工程质量，规避风险，监督安全生产，创造收益。

5.1.1 建筑企业的痛点

很多建筑企业早期建设的 IT 系统，主要是为了满足外部的要求，比如申报项目设计和施工的资质，方便上级单位对项目进行考核，在客户与政府人员参观项目时展示成果等。早期的这些系统主要解决的是项目"合规"的问题，以便帮助企业拿到更多项目。

如今，建筑工程市场的竞争越来越激烈，除了拿到新项目，企业还必须关注如何更高效地管理已有项目。各家建筑企业都在探索如何借助数字化系统，降本增效，提升利润水平，增强市场竞争力。

建筑工程项目的管理存在以下特点：

◎ 一旦相关政策和法规有变化，企业必须及时调整管理制度。
◎ 企业的各分公司、业务线之间的项目管理制度存在较大差异。
◎ 不同类型项目的管理要求不同。
◎ 项目人员流动大，组织架构频繁发生变化。

因此，很难使用一套一成不变的系统来管理建筑工程项目。对于建筑企业而言，较为理想的系统应该既能实现项目的规范管理，又能根据实际情况灵活调整。

有些规模较大的建筑企业会自研或者请第三方定制系统，但是往往要经历漫长的调研、开发、测试环节，系统才能交付使用。在后期，企业还需要投入额外的时间、金钱和人力成本，对系统进行维护和功能迭代。随着数字化转型的推进，各类新需求不断出现，企业在系统上投入的成本会越来越高，而如果不持续投入，这套系统必然会因为无法满足新需求而慢慢被弃用。

也有不少建筑企业选择采购标准化软件产品，虽然这些软件提供的功能和模块种类繁多，但是有些对企业来说是冗余的，而且能用得上的功能和模块一般不支持自定义修改，需要投入高昂的成本进行二次开发。

因此，在建筑企业中常常出现这种情况：用过各种各样的系统之后，项目管理又回到了"Excel 模式"，一线人员都用 Excel 来记录、统计、汇总各类项目数据。

"Excel 模式"存在显而易见的缺点：1）数据滞后，并且数据在转录的过程中容易出现错漏；2）各个项目部制作的数据表格格式不统一，当这些数据以 Excel 文件的形式被提交到上级公司之后，公司还要花时间整理、清洗数据，要是原始数据有错漏，则难以回溯和查找原因；3）文件管理难度大，关联数据的查询极为不便。

那么，为什么一线项目人员宁愿回归低效的"Excel 模式"，也不愿意使用企业内部的系统呢？仔细思考不难发现，这和工程项目对系统的需求及 Excel 的优势有很大关系。

1. 易使用

很多建筑企业自主开发的软件，仅使用说明书就有两三百页，尽管其中详细介绍了每一个操作需要找到的对应入口、流程规范及操作方式，但是也带来不少学习成本，抬高了上手门槛。Excel 没有这样的问题，作为普及度最高的办公软件，Excel 的操作难度基本为"零"，而且提供了丰富的表格功能，对用户也十分友好。

2. 易开发和易迭代

抛开行业中顶尖的一小部分企业，大部分建筑企业其实都面临着 IT 人才匮乏的困境。一家年产值千亿元规模的建筑企业，在编的 IT 人员可能不超过 20 人；一家年产值十几亿元，有着几十个项目部的建筑工程公司，IT 部门可能只有一个人。人力的匮乏，导致企业无力自主研发和敏捷地迭代系统。

相比之下，用 Excel 制作表单，业务人员自己就能完成，并不需要 IT 人员参与。即使表单中有较为复杂的计算，业务人员也可以在 Excel 熟手的帮助下，或者通过网络搜索，找到解决方法。在 Excel 中修改表单内容或者格式十分方便，尽管用这种方式传递数据和协同办公效率不高，但是胜在灵活。

建筑行业是一个和国家政策高度相关的行业，相关政策的任何细微调整都可能对建筑施工管理造成影响，而且每个企业都有自己的管理方式与数据需求，因此企业的内部系统需要具备一定的灵活性，便于调整和修改功能，以适应政策和管理方式的变化。

用 Excel 管理项目的现场施工、工程进度等，如果内部指标体系发生变化，项目部上报的表格需要新增内容，或者要对指标的计算规则进行调整，只需要在 Excel 中对表格增加行/列、修改计算公式即可，不需要花费很长时间，改完就能使用。

所以，建筑企业在搭建数字化系统时，必须考虑这两点需求：一线人员易使用，上手快；系统开发与迭代的技术门槛低。零代码开发平台有统一的表单化的交互界面，流程设计可视化，无须写代码即可搭建应用，可以解决建筑企业对数字化系统的两大需求。

实现易用性

零代码开发平台上的表单由各类基础字段组合而成，一线人员在使用的时候，只需根据字段的设置进行简单的操作（比如输入数据或在已有项目中选择、上传文件等）即可，容易上手。利用零代码开发平台的数据加工引擎，可以实现数据的自动汇总和分析，无须人工整理台账。

只要设置好权限，不同岗位的员工只能看到与自己相关的内容和界面，不会出现面对庞杂的系统功能而无所适从的情况，即使是项目部的一线班组人员，也能轻松地在系统里完成物资领料、施工打卡等操作。

零代码开发平台很好地兼容了移动端，一线人员在现场使用手机即可进行信息填报、流程审批等操作。

技术门槛低

零代码开发是一种"所见即所得"模式，对人员的 IT 技能要求很低。只要接受 2 周到 1 个月的培训，非 IT 专业人员也能掌握整个系统的设计逻辑、修改方法，能搭建企业数字化系统中的大部分基础应用。这样一来，企业可以将有限的 IT 人才投入到需要更多专业开发技能的领域，比如打通接口、系统框架设计、主数据设计等，充分发挥他们才能，实现更大的价值。

零代码开发平台具有敏捷迭代的优点，能快速对系统功能进行迭代，而且所做的修改即时生效，使系统能动态地适应业务形态、管理方式与使用环境的变化。在零代码开发平台上开发的系统能够集成到其他系统内，例如嵌入钉钉、企业微信、飞书、微信公众号等，为企业的管理者提供了多种选择。

5.1.2　建筑行业模板

第 1 章介绍过，零代码开发平台提供了行业模板以解决共性需求。以简道云为例，针对建筑行业企业用户的痛点，简道云设计了建筑行业模板，包含进度管理、劳务管理、物资管理、设备管理、安全管理、商务管理、营销管理、财务管理、后勤管理等模块。建筑企业可以直接套用这个模板，也可以在其基础上进行个性化的修改。

下面我们将围绕简道云的建筑行业模板，介绍建筑企业如何使用零代码开发平台对核心业务进行管理，提升工程项目管理效率。

进度管理模块

进度管理模块解决的是建筑企业项目进度统计难，项目计划进度与实际进度无法对应的问题。不同的企业对项目进度有不同的管理方法，常见的是以填写施工日志、上报产值数据的方式收集一线项目的工程进度数据，或是通过分部分项，提前制订项目计划，确定闭环节点，完善产值管控体系。

为了帮助企业更快、更准确地了解项目进度，进度管理模块提供项目WBS（Work Breakdown Structure，工作分解结构）、进度计划、施工日志、产值填报等表单和功能，构建项目进度闭环管控体系，以满足进度管理的需求。

在进度管理模块中，导入项目前期制订的WBS，然后在年度、季度、月度计划表中分别填写进度计划（如图 5-1 所示），模块会自动计算出当期的计划产值。

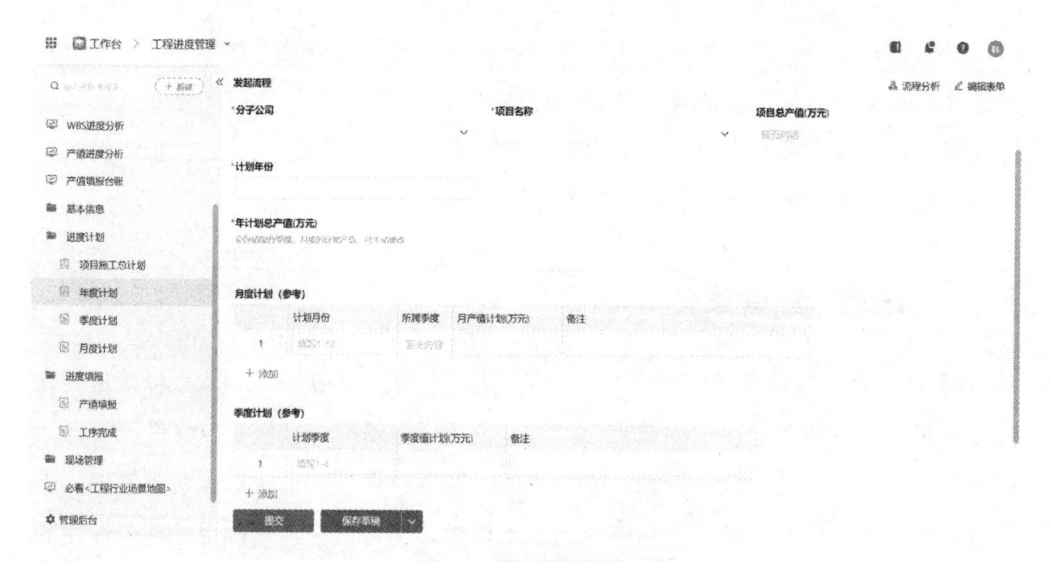

图 5-1　填写进度计划

施工日志表单能够快速收集施工现场的基本信息，比如施工现场当天的天气、作业部位、现场人数、进度、质量、安全情况等，项目经理可借此相对快捷地了解现场工作。施工日志表单还能套用自定义模板打印出来，方便归档。图 5-2 展示的就是施工日志表单界面。

图 5-2　施工日志表单

完成施工后，施工单位填报进度产值表单，勾选完成的工序并上传施工情况照片，进度管理模块即可自动计算产值。接下来，通过进度管理模块预设的流程规则，工序通过项目总工程师、监理、甲方等多方验收后，完成闭环。在整个施工过程中，可以随时在公司进度驾驶舱（界面如图 5-3 所示）中查看工程进度。

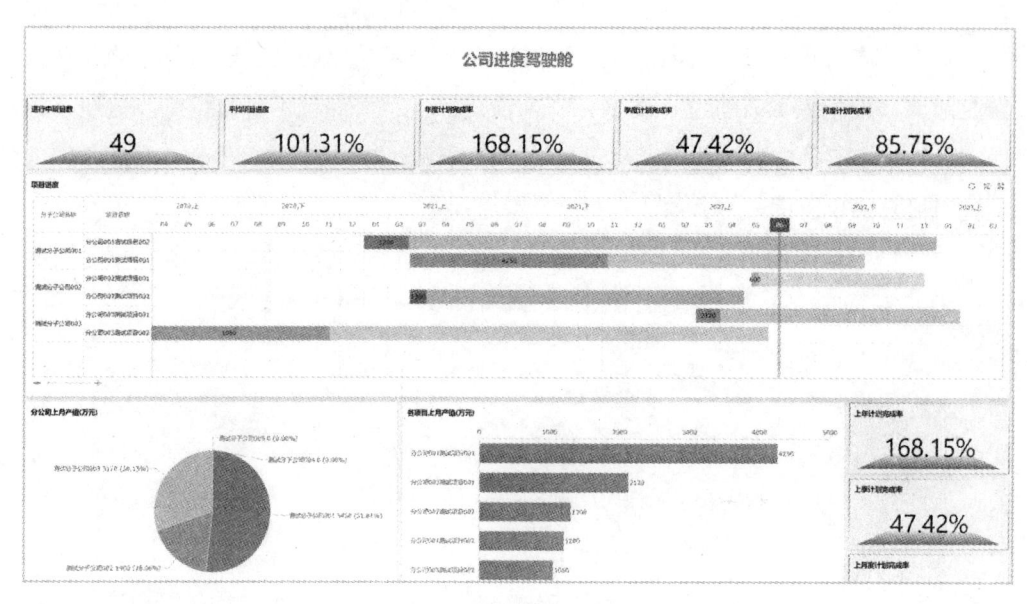

图 5-3　公司进度驾驶舱

劳务管理模块

劳务管理模块包含入/离场登记、安全教育、技术交底、记录考勤、计算工资等功能，解决的是建筑企业施工现场变动最多的因素——"班组+劳务工人"的管理问题。

针对班组与劳务工人基本信息混乱、缺乏高效的信息登记方式等问题，劳务管理模块提供"班组组建""劳务入场登记""劳务离场登记"等表单，确保施工现场劳工信息统计的准确性。建筑企业可以要求每位劳务工人在入场时填写表单，并打印由表单自动生成的专属二维码（如图5-4所示），实现"一人一码"。建筑企业管理人员可以通过手机扫码核对每位劳务工人的信息，从而有效避免劳务提供方随意替换工人。

图 5-4　打印劳务工人的专属二维码

基于入场登记信息，劳务管理模块会自动为每位劳务工人生成安全教育与技术交底的待办任务。劳务工人参与培训并完成交底以后，点击自己的待办项目，在劳务安全培训和劳务技术交底表单中填写过程记录，就算是完成了待办任务。至此，培训与交接的任务结束。图 5-5 展示的就是劳务技术交底表单。

图 5-5　劳务技术交底表单

计算劳务工人的工资是劳务管理中非常重要的环节，图 5-6 展示的是劳务工资核算表单。劳务管理模块根据考勤中记录的工作时长，再结合奖惩表明细，自动计算出劳务工人的工资，解决了此前人工计算工资既费时又费力，还容易出错的问题。

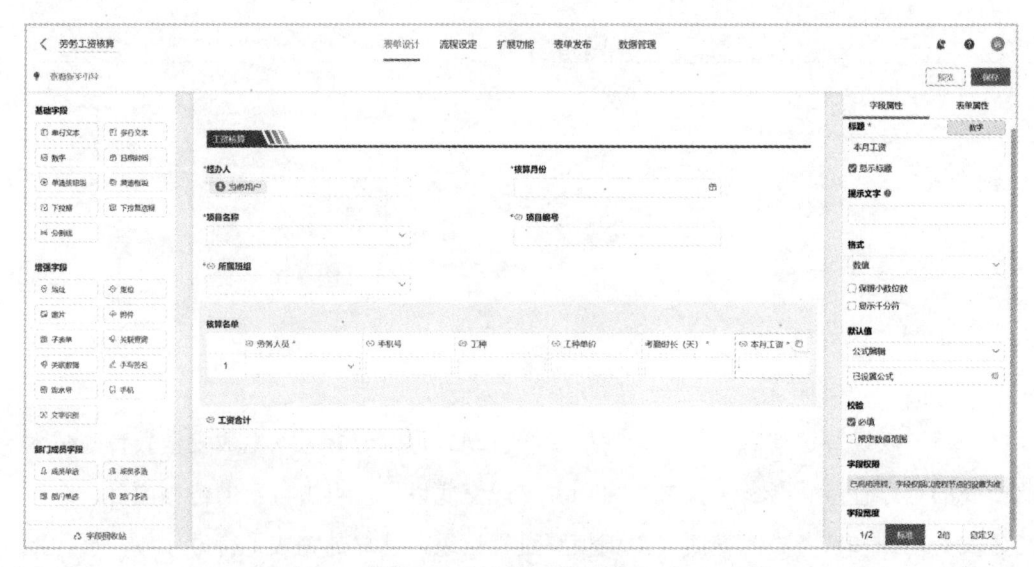

图 5-6　劳务工资核算表单

物资管理模块

物资管理模块涵盖从提交物资需求到使用物资的完整流程，可以建立工地现场物资材料管控的完整链条。

建筑企业采购物资之后，可以在物资管理模块中对比分析物资的申购量与实际采购量，保证物资及时到场，不耽误工期；如有物资被退回，可以在模块中做好记录，以便再次采购，补足数量。基于入库和出库的数据，物资管理模块中的数据加工引擎会自动计算仓库的库存，图 5-7 展示的就是仓库库存看板。库方定期盘点库存，再将其与仓库库存看板上的数据进行比对，能够防止系统中显示的库存量与实际库存量产生严重偏差。物资管理模块还有数据预警提醒功能，当某种材料的库存量较少时，模块能够发送库存告警消息，提醒相关人员及时采购。

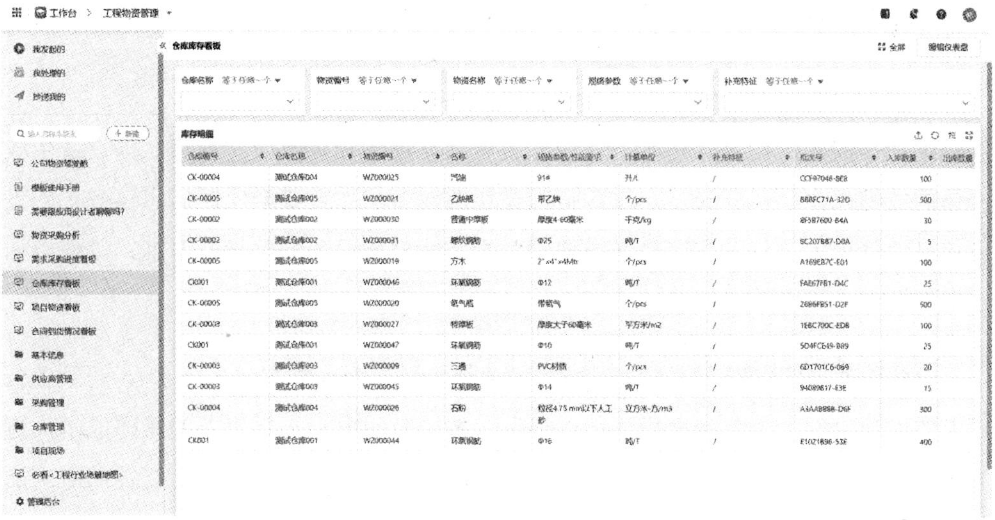

5 零代码开发平台的典型行业应用

图 5-7 仓库库存看板

物资管理模块提供了领料出库单（如图 5-8 所示），要求员工先申请后领料，保证物资的合理领用。工序结束后，报废的物资要及时上报。在物资管理模块中，可以通过对比分析往期的领料量、使用量、报废量，根据实际生产需求，设置领料限额，防止浪费。

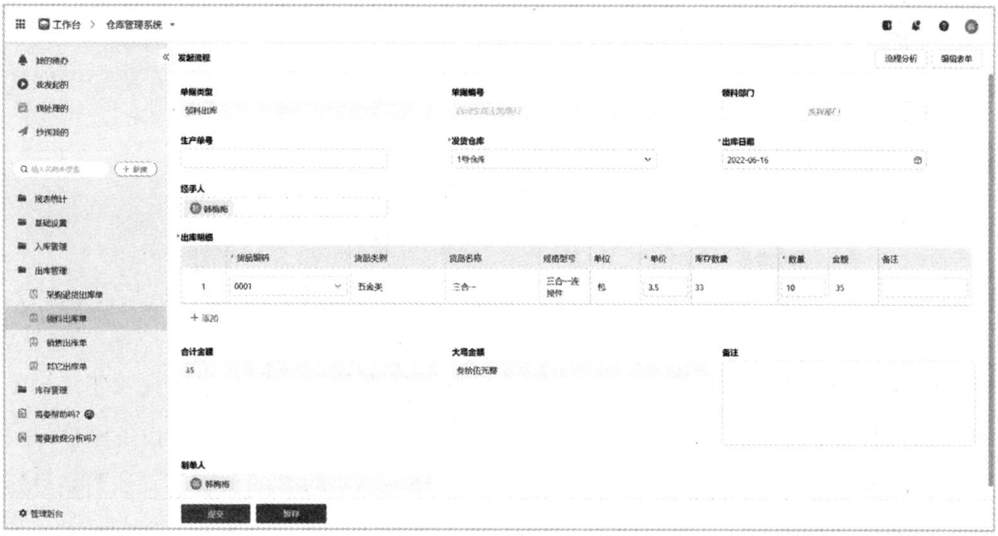

图 5-8 领料出库单

设备管理模块

设备管理模块用于解决工地现场机械设备的信息登记、调动记录、台班用时、检修维护等问题。设备入场时，管理人员可以在设备管理模块中登记，为设备生成专属的二维码，"一物一码"。设备管理模块的设备状态台账会实时展示已登记的设备信息，管理人员可以在该台账中随时查看工地现场设备的数量及明细，以便根据实际需求调离或转入。

设备作业期间，操作人员可以填写设备使用登记表（如图5-9所示），记录各台设备的作业时间。设备管理模块可以根据记录的时间自动核算设备的操作成本，更好地衡量设备作业投入。设备使用登记表中记录的设备作业时间，还能辅助衡量操作工人的工作量，综合核算成本。

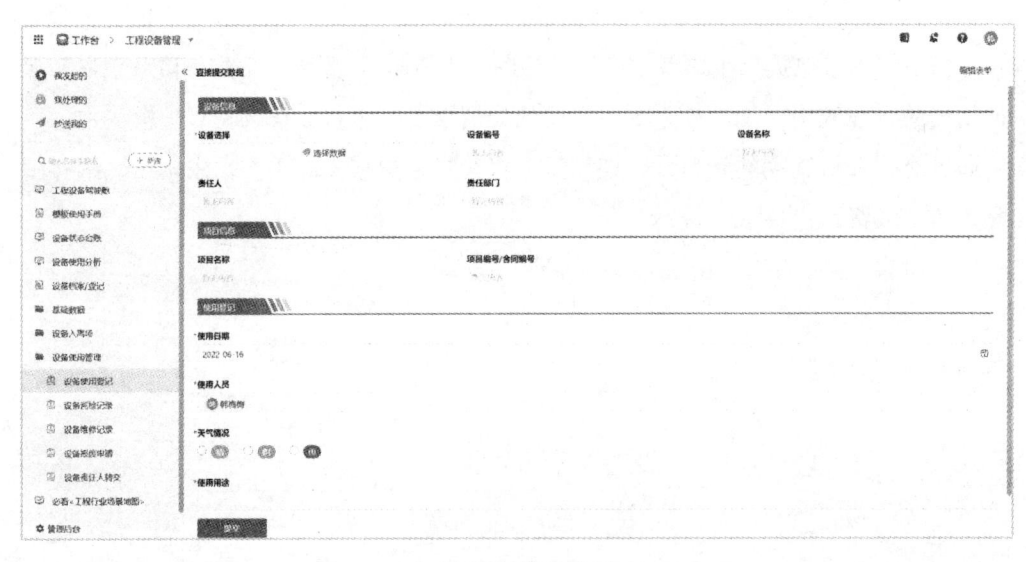

图 5-9　设备使用登记表

设备管理模块还为设备巡检和设备维修提供流程表单，帮助建筑企业建立设备检修的闭环流程。巡检人员发现设备故障后，第一时间在手机上填写设备巡检记录单（如图5-10所示），记录故障情况。随后，维修人员会收到检修提醒，他们完成检修后再填写设备维修记录单。这种闭环管理可以确保设备运转效率最大化，为施工进度和施工安全提供保障。

图 5-10　设备巡检记录单

安全管理模块

安全管理模块可以实现安全管控工作线上化、自动化。对于建筑企业而言，质量安全管理首先要做的是，让现场施工人员了解相关规范和制度。在安全管理模块中，可以提前导入质量安全检查项库，统一检查标准。这样，施工人员、巡检人员在手机和电脑上随时可以查阅相关规范和制度，按照标准开展工作。

安全管理模块提供巡检计划表单。填写这个表单并将其下发给相关的项目巡检人员，巡检人员就能根据此表单对项目进行检查，填写巡检/检查执行表（如图 5-11 所示）。

安全管理模块包含计划执行看板和问题整改看板，通过这两个看板可以监控计划执行率与问题闭合率，量化安全巡检工作，督促一线人员执行。图 5-12 展示的是问题整改看板界面。针对建筑施工现场安全检查项繁多，项目人员疲于应付，影响工程进度的问题，安全管理模块提供了重点工程分部/分项标注功能。建筑企业可以依照项目任务分解工程分部/分项，提前标注出重点危大工程分部/分项，当施工到该工程分部/分项时，可以进行重点安全监控。

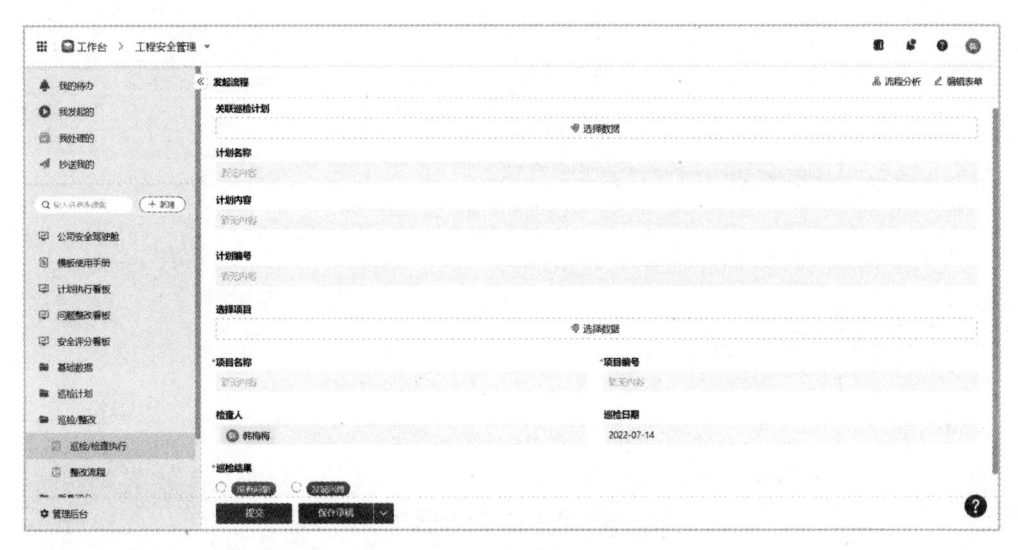

图 5-11 巡检/检查执行表

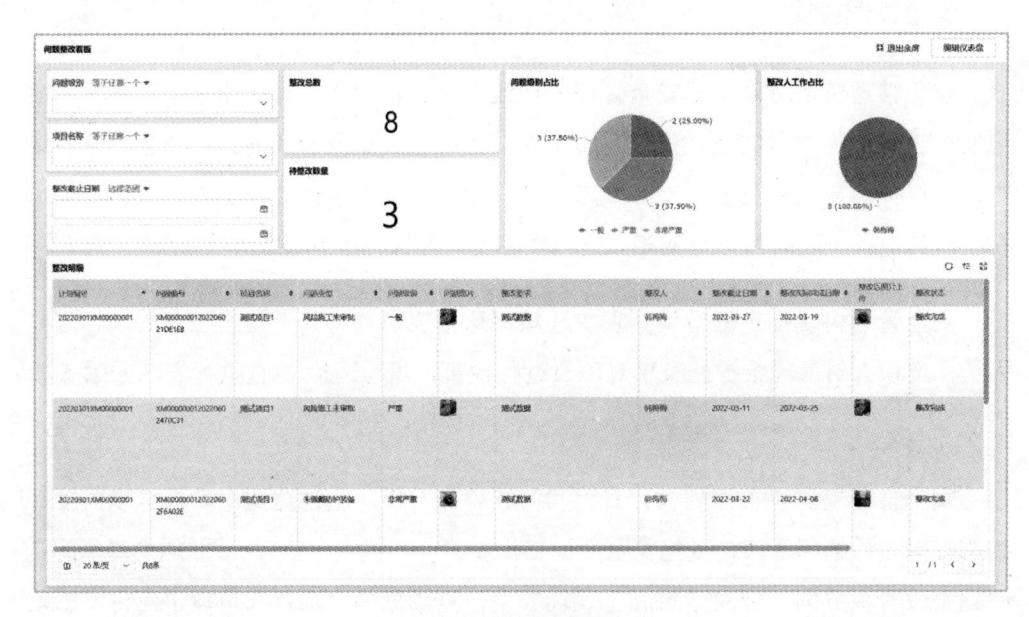

图 5-12 问题整改看板

安全管理模块还设置了安全质量评分考核体系，将安全问题的整改数量、明细、问题占比等信息展示在公司安全看板上，提高项目人员对质量安全工作的重视。

商务管理模块

商务管理模块能够帮助建筑企业的项目部与众多甲方单位、供方单位进行对接，保证项目的结算与计量及时、准确，还能通过商务手段提升项目利润率。

建筑企业的项目部往往与很多分供方开展合作，合同数量多、管理难度大。在商务管理模块中，可以登记各个分供方及相关的合同信息，还可以通过合同登记、进度结算、签证变更、开票申请、收款登记等表单，结合项目的收入类及支出类合同的登记、结算情况，在项目过程中对盈亏进行预判，为项目结束后的结算工作做准备。与分供方的结算也可以直接在商务管理模块中进行，项目商务人员填写结算申请单（如图 5-13 所示），就能得到的结算结果。

图 5-13　结算申请单

针对工程项目变更索赔频繁发生，项目部又很难判断索赔对成本的影响的问题，商务管理模块还提供了变更索赔与各项计量结算的功能，项目部发起的变更索赔流程通过后，就会自动修正结算额，为项目部减少了大量的计算成本，并且提供了结算依据。

商务管理模块不仅可以规范各类商务数据，减轻项目部对数据进行汇总、录入及计算的工作量，还能基于统计结果分析项目成本和利润，并以项目商务驾驶舱的形式呈现（如图 5-14 所示）。项目商务驾驶舱能根据项目的成本数据，按照预设的规则进行分析，结合甲方已批复的产值，实现利润动态测算。根据测算结果，项目部可以从多个角度分析影响利润的因素，以便及时调整管理方式。

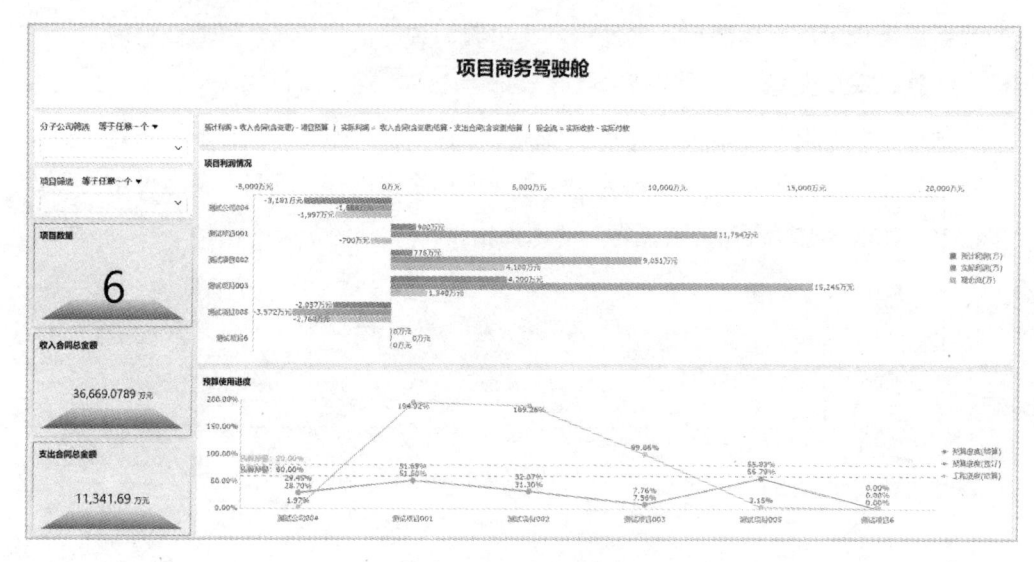

图 5-14　项目商务驾驶舱

营销管理模块

营销管理模块能够帮助建筑企业梳理客户和机会（商机）信息，规范投标流程。

营销管理模块中的客户和机会管理功能是基于本书第 4 章介绍的 CRM 模板搭建的，并根据建筑行业的特点进行了优化。营销人员可以创建客户信息，营销主管将客户信息批量导入公海池，让员工自己领取客户（线索），或者在内部进行分配。营销人员领取客户之后，可以在模块中填写客户跟进记录。而且根据权限设置，只有营销人员和对应的主管才能看到客户信息。当有新的机会产生时，营销人员可以在机会表单中记录并跟进。

营销管理模块还能规范投标流程，并对投标情况进行分析和展示。营销人员发起投标主流程后（如图5-15所示），投标信息要经过资质评审、标书编制、填写报价单、报价审批等流程，由多个岗位角色协同审批，保证内部信息互通，提升工作效率。投标流程结束后，投标结果将被自动同步到商机表中，机会状态也会被更新。营销管理模块还能对投标保证金进行闭环管理，通过保证金申请流程和投标保证金看板跟踪资金的去向。

图 5-15　发起投标主流程

在项目投标分析看板中可以根据营销管理模块积累的数据，发掘企业的优势项目类型与优秀营销人才，关注导致丢单的关键动作，改善营销工作。

财务管理模块

建筑企业的项目部一般很难应用大型财务系统，很多账款数据都记录在 Excel 中。财务管理模块可以处理项目现场财务收支、项目人员报销、外部劳务工人借款等工作，规范项目的财务流程，并且还能对财务相关数据进行分析和展示。

现金流是项目重要的财务评价指标，财务管理模块设置了收款、拨款记录表单，能及时准确地描述现金流，并在资金综合分析看板（如图 5-16 所示为公司级资金综合分析看板）中展示。

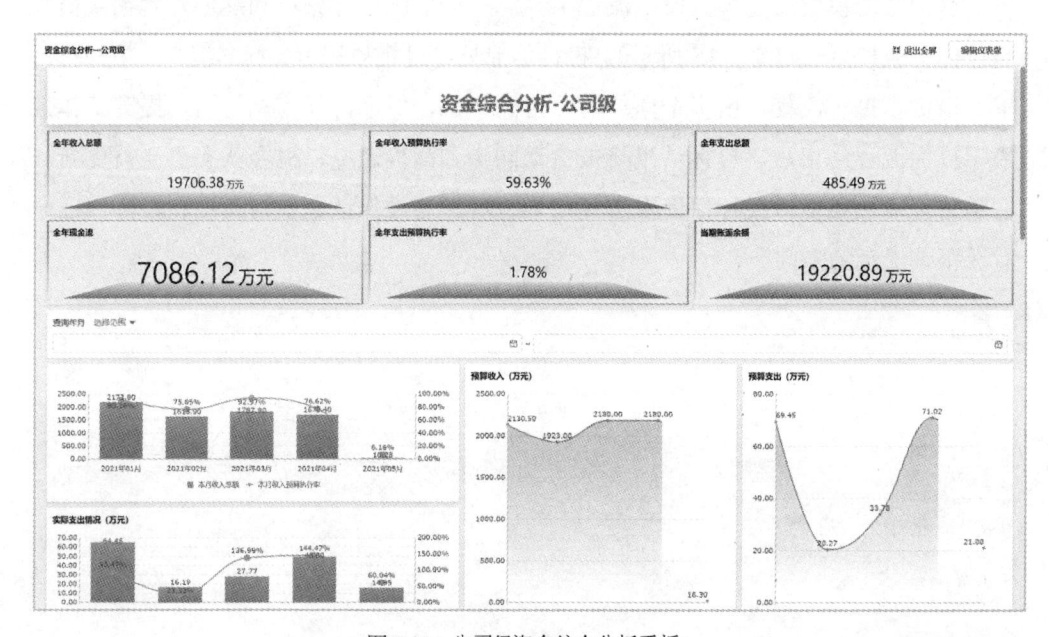

图 5-16　公司级资金综合分析看板

财务管理模块还包含农民工预支款或借款的流程表单，能够辅助项目部管理外部劳务工人预支工资和借款，并将支出费用计入项目成本。通过统一的系统对预支工资和借款进行管理，既保障了一线劳务工人的收益，也使企业内部的风险可控。

后勤管理模块

后勤管理模块能辅助建筑企业管理项目的后勤工作，确保项目人员无后顾之忧。比如，该模块设有用车申请单（如图 5-17 所示），使用车辆之前需要提交申请，通过审批后方可使用，以此实现对用车的统一管理。后勤管理模块还有流程分析功能，对不同时间段的用车情况进行分析，保证项目现场合理用车，减少因使用混乱带来的成本损失。

图 5-17　用车申请单

除了车辆管理,在后勤管理模块中,还设有工程一线的会议室、办公用品、印章等管理流程,帮助项目部管理资产,提升效率。

5.1.3　建筑行业典型案例

许多建筑企业已经在尝试将零代码开发平台用于工程项目管理。简道云的企业客户中就有不少成功的案例,我们总结了这些企业利用零代码开发平台搭建系统的思路,有以下 3 种:公司一体化、部门垂直化与项目定制化。

- ◎ "公司一体化"是指借助零代码开发平台,搭建包含多个管理应用的系统(类似于一个 ERP 系统),汇总营收、施工、采购、人力资源等各方面的数据,对"业财税"进行统一管理。
- ◎ "部门垂直化"是指 IT 部门提供协助,业务部门针对自身工作中的痛点,开发本部门的管理应用。
- ◎ "项目定制化"是指公司制定的标准管理流程占 80%,剩下的 20% 根据项目具体情况来定,根据项目的特点搭建系统,在标准化治理与个性化管理之间,找到平衡点。

下面我们通过 3 家建筑企业的案例，来看看应该如何运用这 3 种系统搭建思路。

河南国基建设集团有限公司："业财税"一体化管理

河南国基建设集团有限公司（下文简称"国基建设"）是国家房屋建筑和市政公用工程"双特双甲"建筑企业，中国建筑业协会副会长单位。

随着国家政策的调整，建材价格和人工价格齐上涨，建筑项目的利润变得越来越薄。为了保持公司竞争力，国基建设开始思考如何降本增效。他们发现，由于公司的组织架构复杂，各部门间的资源难以整合，已成为开展业务的一大阻碍，而且不同部门间的协同效率也有待提升。

国基建设在简道云上搭建了一套 ERP 系统（其框架如图 5-18 所示），包含企业投标、项目综合管理、办公 OA、人力资源管理、财务管理等主要模块，还包含企业档案知识库之类的辅助模块。

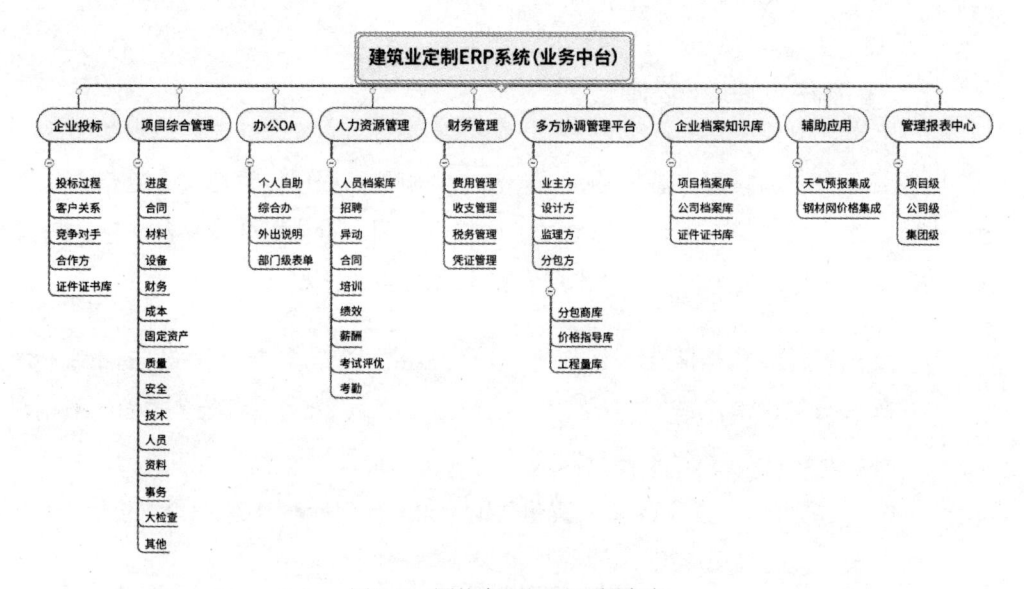

图 5-18　国基建设的 ERP 系统框架

项目综合管理模块是这个 ERP 系统的核心，包含 15 个子模块，主要用于项目现场管理。该模块根据财务要求制定了统一的一线操作标准流程，使所有的业务动作规范化。一线员工可以直接在手机上通过拍照、填写文字、定位打卡的方式上报现场施工情况，项目管理人员能够在线上查看实时信息，随时随地审批流程。系统可以根据项目综合管理模块中收集到的数据，自动分析收支、税务等明细数据，打通项目管理中最难的业务、财务、税务工作的链接。

有了统一的系统、规范的业务和财务流程，国基建设的项目经理和公司管理层就能够实时了解项目的收入、成本和进度。根据这些基础数据，国基建设还总结出"十算对比"的企业业务和财务数据分析模型，预警与规避项目在进度、收/付款等方面的风险。

中交路桥华北工程有限公司：由点及面，从 MVP 到复杂系统

中交路桥华北工程有限公司（下文简称"中交路桥华北公司"）为中交路桥建设有限公司的全资子公司，是一家以公路、铁路、桥梁建设施工为主的企业。

在数字化转型之初，中交路桥华北公司面临与其他建筑企业一样的问题——IT 部门人员配备不足，难以开发定制化的系统。同时，该公司经过调研发现，标准化的成品软件无法满足自己的需求。

IT 部门负责人调研了市面上各种技术方案，参考了同行业其他公司数字化转型的经验，摒弃了常见的"大刀阔斧"搞数字化的方法，尝试以互联网公司打造产品的方式来搭建自己的数字化系统。

针对高层和业务人员都非常关心的产值进度管理问题，IT 部门基于简道云实现了一个 MVP（Minimum Viable Product，最简化可行产品）应用。这个应用的功能非常简单：每个项目部每天填报一个数值，即当日产值，该应用通过数据报表引擎，生成综合的产值分析看板，对项目产值、分管领导管辖范围内的产值、公司总产值等 3 个层级的数据，按日、周、月的时间维度进行分析，再按项目横向对比。

产值分析看板为公司领导、业务部门、各项目部节约了许多时间。原先需要花费时间对产值数据进行统计、计算、纠错、沟通、汇报、分析等一系列工作，现在，这个应用每日定时提醒各项目部填报产值，还能自动分析收集来的数据，推送预警信息。IT 部门将应用与企业微信集成，这样不论是公司领导、业务部门经理，还是项目管理人员都能够通过电脑或手机随时随地了解项目的产值动态。

这个 MVP 应用成功后，公司高层提出了进一步的需求——让项目部每日再填报"混凝土方量"，经验丰富的高层管理人员对每日产值和混凝土方量这两个数据进行比较和分析，就能了解了一线项目的施工进度、材料用量等信息。这样经过多次迭代，原来的 MVP 应用慢慢发展为功能完善的"工程部报工"应用，为公司创造了很多数字化管理效益。

随后，中交路桥华北公司在短时间内构建了 20 多个部门级应用，并且不断地优化与迭代。

值得一提的是，中交路桥华北公司的 IT 部门没有遵循传统的"业务部门提需求，IT 部门实现"的方式，而是对业务专家进行培训，教他们使用零代码开发平台，使其理解最基本的数据结构与开发逻辑，由业务人员搭建出本部门的应用。一旦这些应用在公司内部得以推广，必然会推动数据质量及数据收集效率的提升，也就是用数字化倒逼业务标准化。而 IT 部门的职责也从传统的维护网络与系统、保障信息安全，逐渐转换为流程管理、数字产品管理，因此有更多的精力提升内部应用的使用体验。

借助零代码开发平台，中交路桥华北公司打破了传统的管理方式，应用新技术和新思路，加快了数字化转型进程，在两年时间内搭建了各类数据采集、分析应用 50 余个，培养出多名应用开发专家、一名高级开发工程师，产生了深远的价值。

某大型国有建筑公司：为每个项目量身定制系统

为了让数字化系统契合公司管理需求，某大型国有建筑公司希望打破原先以 ERP 系统和企业管控为导向的管理思路，建设"好用为先"的新系统。

建筑企业多以"项目部"为核心单位，因此该公司坚信只有提升项目部的管理效率，公司整体的管理效率才能得到有效提升。而公司旗下工程子公司的每一个项目，业主方的需求、当地的供应商环境及政府的监管要求等都不太一样，所以项目管理需求也不同，这就给公司提出了难题。

基于上述背景，该公司设计了一套从公司总部到工程公司，再到项目部逐级细化的指标体系。为了遵循上级部门及公司高层的管理方针，公司总部先构建一个核心的指标包，下发给所有的工程公司。工程公司在公司总部指标包的基础上，根据项目所在地情况、业务特性及自己的管理理念，对指标包进行扩充，形成公司级指标包，再下发至各项目部。每个项目部在公司级指标包的基础上，根据市场环境、项目经理的管理要求，构建个性化的系统。

如果采用传统的模式为每一个项目定制系统，需要高昂的开发与维护成本，超出了公司总部的预算。然而，借助零代码开发平台，这个想法有了落地的可能。首先，根据公司级指标包，在简道云上开发标准版管理系统。对于项目而言，公司级指标包是相同的，所以大约80%的需求都是类似的。通过简道云的应用复制功能，每个项目部可以复制一个标准版管理系统的副本，并在公司总部的监督下，修改副本的部分内容，以实现余下20%的项目个性化需求，就得到了该项目的定制化系统。

通过简道云的数据加工引擎，工程公司能够提取自己预设好的公司级指标数据，汇总后以图表、台账的形式展示出来；公司总部也可以汇总所有工程公司的指标数据，展示在数据看板上。

这种为项目定制系统的模式使项目部摆脱了原先人工填报数据的低效工作，同时满足了不同项目的管理需求。该公司与简道云一起调研，设计了如图5-19所示的项目系统"四方三域"的核心模块架构图。

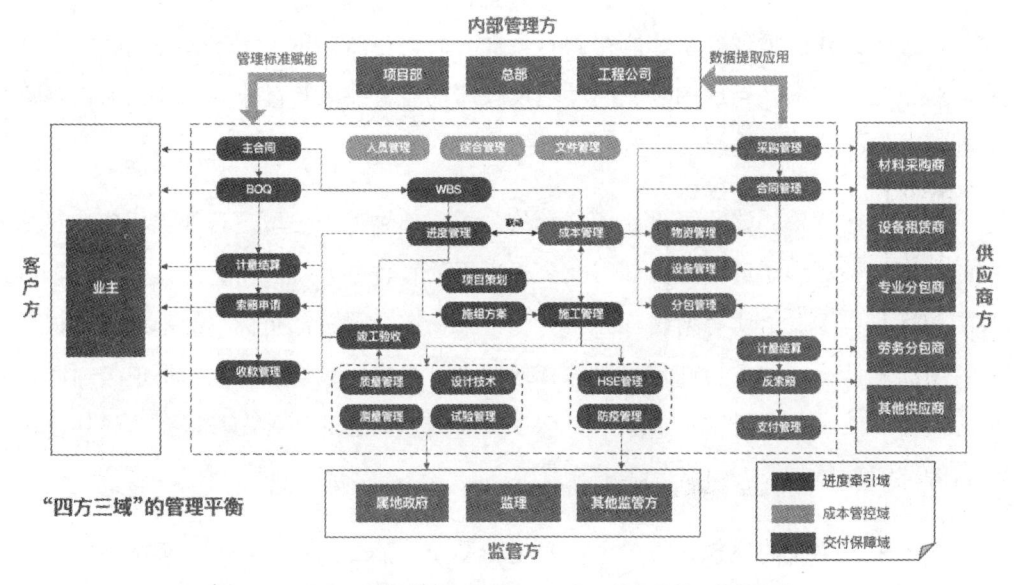

图 5-19　某大型国有建筑公司系统"四方三域"的核心模块架构

该公司搭建的这套系统已经在其下工程公司的三个项目上试运行。根据试点的运行结果，他们也会在内部将系统横向推广至其他工程公司及项目部，全面提升所有项目部的管理能力。

5.2　在制造行业的应用

借助零代码开发平台，制造企业能搭建一套适合自身需求的数字化系统，对生产制造全流程进行管理；并根据管理目标生成数据看板，协调资源的分配和投入，最终实现降本增效。

5.2.1　制造企业的痛点

数字化系统的业务管理模式、落地成本、使用门槛是制造企业在引入数字化系统时重点关注的三项内容。

一些传统的制造企业数字化系统，比如 ERP 和 MES，都是基于大型企业的管理模型而开发的标准化系统，其功能往往"大而全"，使用门槛高，难落地，并不适用于所有企业。

ERP 系统最早是为了辅助企业自动编制生产计划而设计的，其自带一套严密的算法，能够提醒企业什么时候需要物料，需要哪些物料，什么时候开展生产等。为了得出这些计算结果，需要在 ERP 系统中输入一套非常完整的数据，包括工厂产能、预估订单、产品 BOM（物料清单，也称产品结构表）等。企业需要配备很多人力收集数据，将这些数据整理之后再输入 ERP 系统。

除行业中的少部分头部企业，大部分制造企业都达不到 ERP 系统对数据全面性的严苛要求。而且，为了适应国内企业的需求，国内厂商开发的 ERP 系统是以财务需求为导向的，然而，很多财务人员对业务的实际管理方式并不了解，只会刻板地要求业务人员按财务准则来提交数据。最终的结果就是，财务部门在 ERP 系统中录入一套数据，业务部门自己用 Excel 管理一套数据。虽然这些 ERP 系统对企业的财务部门来说是通用的，但是对业务部门来说，则不一定，因为企业的业务流程不同。因此，即便企业购买了 ERP 系统，往往还要进行大量二次开发才能解决其个性化需求。

MES 是面向生产车间执行层的生产管理系统，对车间的生产进行管理和调度。MES 系统和企业生产流程是紧密关联的，但是在同一行业甚至同一细分领域，生产流程可能完全不同，这就导致 MES 多由软件厂商定制开发。定制开发采用的是传统开发模式，速度慢，成本较高；并且，需求在被传递给软件定制厂商的过程中，难免会出现偏差，最终开发出的系统或多或少会与预期的系统存在差距。

对于企业而言，这些标准化系统难用、难落地，主要有以下 3 个原因：

1. 内置的业务管理模式过于复杂，或与大部分企业的实际需求不匹配。标准化系统定义了一套标准流程与规范，要求企业的管理流程向其靠拢，这对企业来说，有难度，甚至是无法实现的，因为不同企业所处的发展阶段、管理模式和风格不同，管理流程肯定会有所差异。所以，尽管标准化系统的功能多，但其中有不少可能是企业不需要的"冗余"功能，而企业的很多个性化需求又没能得到满足。

2. 如果企业的管理模式比较特殊，无法向标准化系统靠拢，就需要软件厂商根据情况进行二次开发。在进行二次开发时，需要兼顾多方对系统的需求，沟通成本高，系统落地时间长、难度大，很可能二次开发后的系统依然无法完全解决问题。

3. 由于标准化系统是基于大型企业的管理模型开发的，大型企业的业务流程完善且复杂，有专人负责操作系统、管理数据；但是，中小型企业或大集团旗下的子工厂人力有限，将一线人员提交的纸质表单数据录入系统，将 MES 或其他系统中的数据导入 ERP 系统，提取 ERP 系统中的数据进行分析等烦琐的工作，会给工厂的文员及系统使用者带来极大的工作量，令人苦不堪言。

因此，制造企业建设数字化系统要在定制化和标准化、柔性交付和代码开发成本之间找到平衡点。下面我们来分别分析不同规模制造企业面临的困局。

小型企业的困局：无力承担高额的成本，回归"Excel 模式"

小型企业其实是最需要定制数字化系统的。标准化的 ERP 采用的那种"大而全"的管理模式对小型企业来说相当"笨重"。业内流传着一句玩笑话："小型企业上 ERP 系统就是'找死'"。因为除了要花钱购买软件，还要再投入一笔人力成本，增设文员岗位来填报数据，以匹配 ERP 系统的管理模式。那么，找第三方进行定制开发呢？周期长，费用也不低，更重要的是，最后很可能也得不到想要的结果。

年产值亿元以下的小型制造企业，由于负担不起定制数字化系统的成本，通常选择使用 Excel 整理和传达信息，既费时又费力，数据质量也难以保证。生产一线的数据先由班组长以日报的形式填写在 Excel 文件里，再由部门助理审核与整理。部门助理只能对数据进行简单查验，处理数据格式不统一之类的问题，如果数据有遗漏或错误，则很难进行追溯和纠正。

每季度、半年度，各部门助理及财务部都要制作报表，如果原始数据存在问题，就需要花大量时间查证。数据质量不稳定，制作报表时就只能"看菜下饭"，即哪些原始数据的质量符合要求，才整理和汇报哪些数据，导致管理层做决策时缺乏足够依据，数据也没有得到充分利用。

中型企业的困局：标准化系统与个性化需求的矛盾

ERP 系统大多是根据大型企业的需求来设计的，其中需要传递、分析的数据通常由多个部门填报，而且数据量十分庞大。大型企业的管理规则复杂而严苛，业务流程固定。中型企业的业务流程不可能像大型企业那样固定，因此难以适应大型企业的数据填报模式，也无法负担全量数据收集所带来的人力成本。除了 ERP 系统，大型企业还有一套精益改善的制度及 BI 看板，用于对收集来的数据进行分析，基于数据优化生产管理方式。中型企业落地 ERP 系统后，如果不建设配套的精益改善制度和 BI 看板，不仅数据得不到有效利用，还可能被过量收集，浪费资源。

因此，中型企业购买 ERP 系统后，要经历一个漫长的磨合期。在磨合期中，企业要么选择适应系统，改变原来的管理模式；要么对其进行二次开发，但后续产生的费用和工作量难以估算。

大型企业的困局：推广系统阻力大，边缘业务无资源

大型企业的业务多样、层次丰富，不同层级的管理者目标和职责范围各不相同，因此数字化系统架构往往比较复杂。

为了解决子工厂各自使用不同业务管理系统导致的数据不规范、流程不规范等问题，有的大型企业开发 ERP 系统甚至 MES，推广到旗下的所有工厂。然而，子工厂的管理模式不同、产品类型不同、产销协作分工不同，这种统一开发的大系统常常难以落地。比如，在"大批量，少品种"的生产管理模式下，部门生产比较稳定，只需持续按照计划进行，员工严格按照计划操作；但在"小批量，多品种"的生产管理模式下，每一批次的生产都被作为一个项目进行管理，基层班组需要按照现有资源情况，灵活调整生产计划。而统一开发的 ERP 系统及 MES，无法同时满足不同

生产模式的管理需求，往往顾此失彼。

面对这样一套复杂的系统，IT 部门需要投入相当多的人力来维护，才能保证企业核心业务正常运转。这样一来，对于子工厂的流程业务、营销部门的市场活动等边缘需求，IT 部门就无暇顾及了。

综上所述，制造企业想要拥有一款合适的数字化系统，无论是 ERP 系统还是 MES，最好能找到一种低门槛的"定制"开发方式。

定制的优势在于：

- ◎ 充分满足企业的精益改善需求。
- ◎ 充分实现企业管理者的管理思想。
- ◎ 充分考虑企业的协作生产模式。
- ◎ 解决绝大部分数据填报难题。
- ◎ 兼顾核心业务与边缘业务。

零代码开发平台提供灵活的表单，能够解决制造企业的原始单据填报问题；数据加工引擎中的数学计算和字段拼接功能，可以实现库存实时查询；流程引擎可以实现复杂的审批、分发、待办等业务流程；将数据加工引擎和数据报表引擎组合使用，可以从所有表单中钻取数据，筛选分类，联立汇总，计算指标，制作 BI 看板。基于零代码开发平台，企业可以自主开发应用，搭建系统，满足个性化需求。因此，零代码开发平台正在成为制造企业定制开发数字化系统的新选择。

5.2.2 制造行业模板

简道云根据大量客户的实践和需求，开发了制造行业模板。制造企业可以基于模板进行个性化的修改，定制系统。本节以简道云制造行业模板中的生产报工与跟踪模块、设备管理与巡检模块、仓库管理模块为例，介绍零代码开发平台在制造行业的应用。

生产报工与跟踪模块

报工的基础数据来自于工单。工单也是生产计划单，一个生产计划对应一张工单。在不同的企业中，生产计划的详细程度是不同的。例如，有的企业只需要制订成品计划，有的企业需要制订半成品计划；有的企业需要制订每周滚动的生产计划，有的企业则要制订每日滚动的生产计划；有的企业不需要细化工序，有的企业要求细化工序；有的企业并不要求生产计划细化到人员、班组或机器的安排，有的企业则要做具体的排程……各种需求，不一而足。

考虑到不同企业的需求各异，生产报工与跟踪模块并不限定生产计划的粒度，任意粒度的生产计划都可以生成工单。在生产计划表单中，导入生产计划，就能生成生产计划单（如图5-20所示）。

图 5-20　生成生产计划单

生产报工与跟踪模块提供自定义打印功能，企业的派工人员可以打印生产流转卡（如图5-21所示），交给工人。工人用手机扫描流转卡上的二维码，就能填报数据。企业也可以基于生产计划单号统计每位工人的工作量，计算计件工资。

简道云　**生产流转卡**

计划单号	JH-2019110012		
产品信息	产品编号	CP-0001	
	产品名称	国标粗牙60°	
	产品规格	M1.4	
计划内容	计划生产数量	2400	
	开工时间	2019-11-15	
	完工时间	2019-11-20	
工序安排	05 碾牙，06 热处理，07 表面处理		

图 5-21　生产流转卡

生产流转卡上的二维码在整个生产过程中起着关键作用，贯穿产品从原料到成品的全周期。在生产环节，工人首先扫码领料，完成生产后再次扫码，在生产工单（如图 5-22 所示）中填报产量；在质检环节，质检工人扫码填报质量合格的产品数；在入库环节，仓库管理员扫码，将合格品入库。如有必要，还可以设置班组长审批流程，让班组长再次确认产量。报工完成后，系统就会自动根据财务部门提前设置好的计件工资规则计算工资。

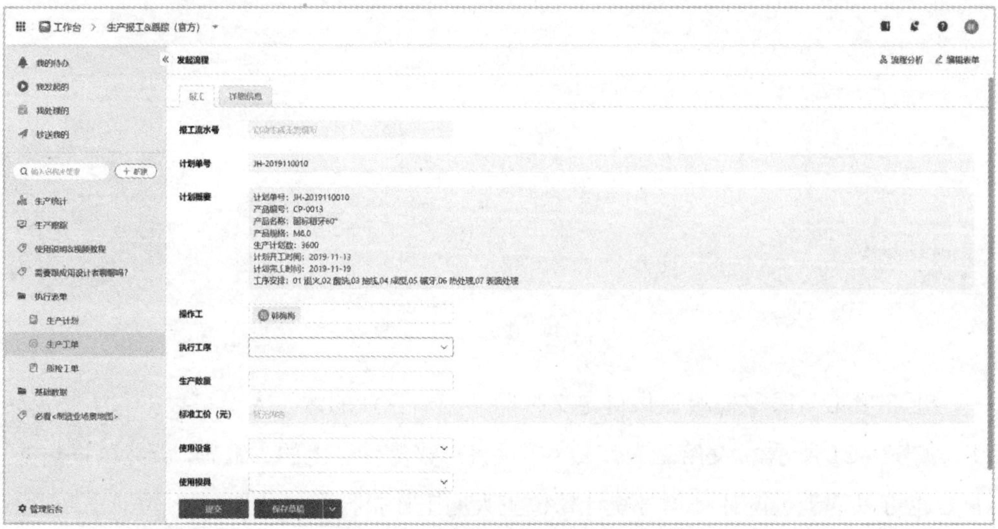

图 5-22　生产工单

生产报工与跟踪模块将生产流程中沉淀的各种数据汇总在生产统计看板上（如图 5-23 所示）。制造企业可以在车间大屏中展示生产统计看板，根据生产计划的细化程度，从班组、工序、产品等维度统计计划产量、实际的产量，也可以计算和展示班组排名、工序不良率、生产效率等数据。

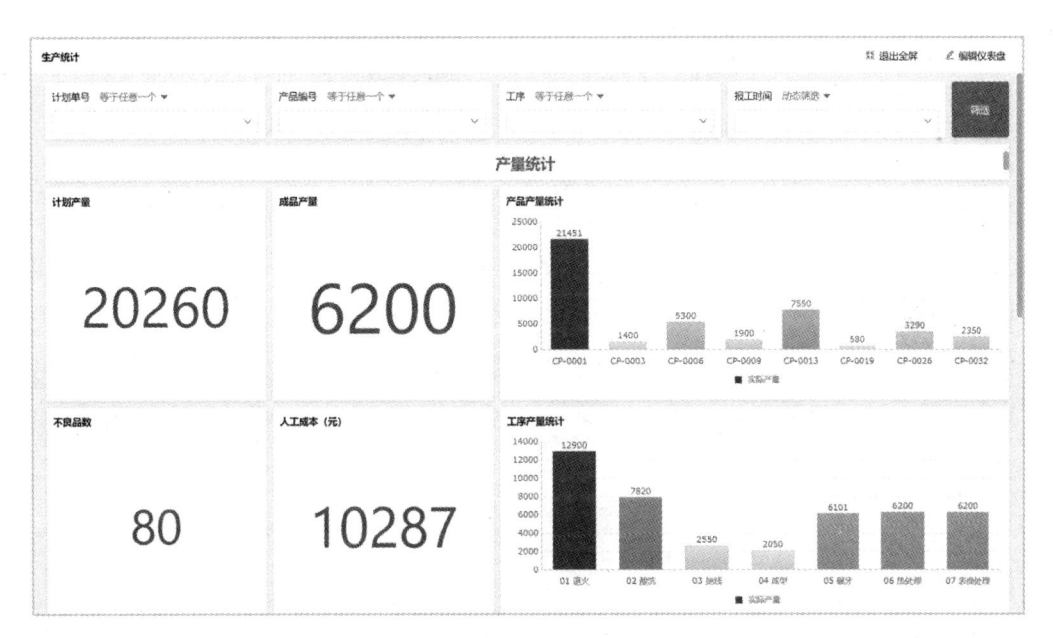

图 5-23 生产统计看板

生产报工与跟踪模块能够实现 MES 的绝大部分功能，帮助制造企业在短时间内实现流程无纸化。通过该模块，车间领导能掌握车间的实时生产情况，销售、财务等部门人员可以看到具体订单对应的生产计划进度，一线员工能实时了解自己的工资动态，实现了数据透明化。

设备管理与巡检模块

设备管理与巡检模块包含设备信息管理、扫码点巡检、报修管理、定时维护保养、设备数据状态查看等功能，可以实现全方位的点巡检。

在设备管理与巡检模块中，可以录入设备的相关信息，也可以直接导入 Excel

文件里的设备信息；还能通过自定义打印功能打印设备标识牌，为每台设备配备专属标识牌和二维码（如图 5-24 所示）。

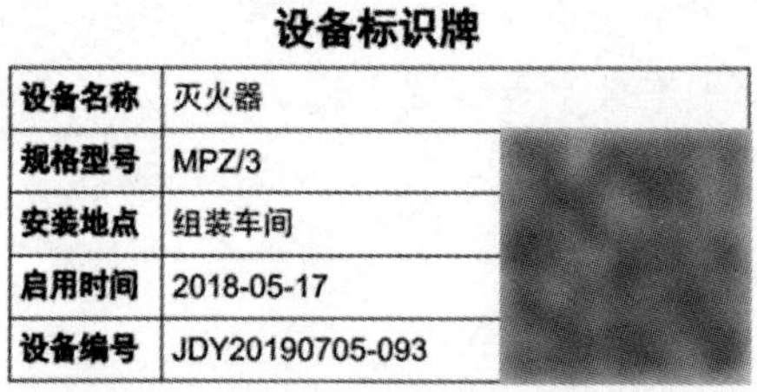
设备标识牌

设备名称	灭火器
规格型号	MPZ/3
安装地点	组装车间
启用时间	2018-05-17
设备编号	JDY20190705-093

图 5-24 设备标识牌

巡检人员用手机扫描设备标识牌上的二维码，就能进入如图 5-25 所示的设备巡检单界面填写巡检表单。这个表单还要求上传 GPS 定位信息和现场照片，以此规避假巡检。设备管理与巡检模块的点巡检统计看板上还会显示已巡检和未巡检的设备，防止遗漏。该模块提供定时提醒功能，设定指定巡检日期后，届时巡检人员的手机会收到提醒消息。

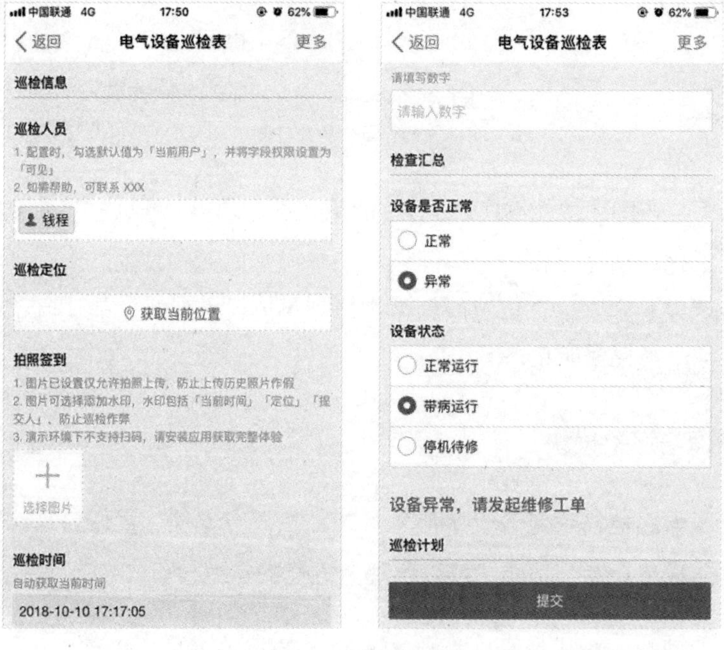

图 5-25 设备巡检表单

如果在巡检时发现问题，巡检人员可以打开设备报修单（如图 5-26 所示），上传图片和视频，综合描述设备故障信息。一旦设备报修单被提交，维修人员的手机就会收到提醒消息，督促其立刻赶往现场解决问题。

图 5-26　设备报修单

设备管理与巡检模板还配备了展示设备状态、巡检结果与维修情况的看板，图 5-27 所示的就是设备巡检结果看板，方便设备管理部门和相关人员随时查看巡检和维修情况，实现设备管理无纸化、规范化，保障生产"不掉链子"。

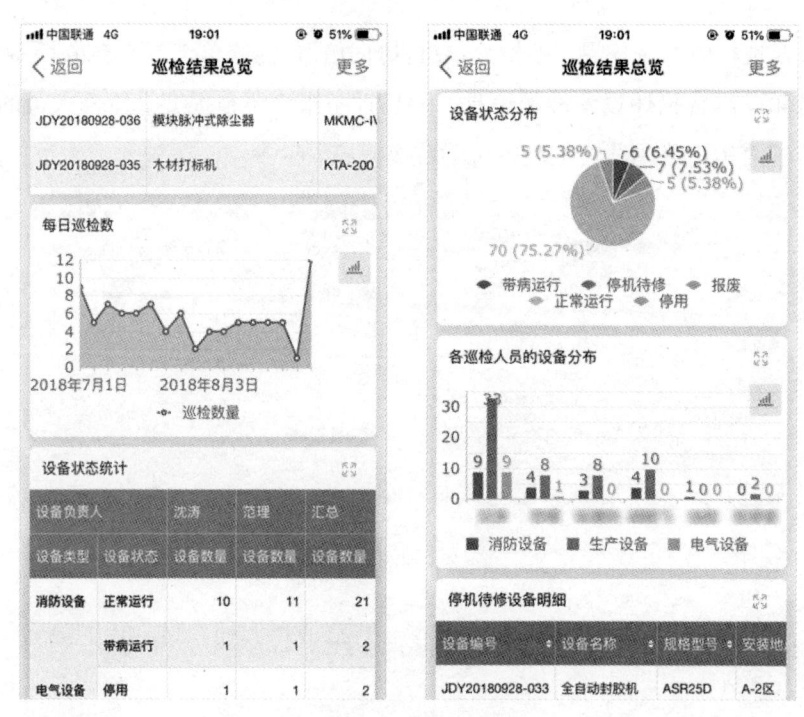

图 5-27　设备巡检结果看板

仓库管理模块

不同规模的制造企业对仓库管理有着不同的需求，应根据实际情况部署相应的系统。

规模较小的制造企业，其仓库管理和进销存管理是融合在一起的，往往没有单独的仓库管理员，因此可以基于进销存模板搭建满足自身需求的仓库管理系统。

中等规模的制造企业，其仓库管理已经从进销存或 ERP 系统中独立出来，有专门的分工作业，但岗位人数和精细化程度有限，可以使用简道云仓库管理模块中的通用仓库管理系统。

规模较大的制造企业对仓库管理精细化的要求较高。在硬件方面，这些企业拥有扫码枪、工业 PDA（掌上电脑）、仓库大屏等众多设备，因此在软件方面，物料专用锁定、物料交接、物料齐套、库位管理等功能就必不可少。这一类制造企业更适合部署简道云仓库管理模块中的工厂 WMS（Warehouse Management System，仓库管理系统）。

通用仓库管理系统

通用仓库管理系统能对仓库进行全方位的管理，跟踪仓库中的货品，实现出库、入库、库存调拨等业务的数字化。通用仓库管理系统包含基础设置、入库管理、出库管理、库存管理、报表统计等 5 部分。

在基础设置中，仓库管理员可以录入或导入基础数据（例如，仓库、货品、供应商、客户等信息），供业务流程调用。

采购的物料到货后，可填写采购入库单（如图 5-28 所示）。在"入库明细"中选择货品编码，表单就会自动调用基础设置中的相关数据。如果由于退料、生产、销售退货等情况需要入库物料，也可以选择相应表单录入数据。

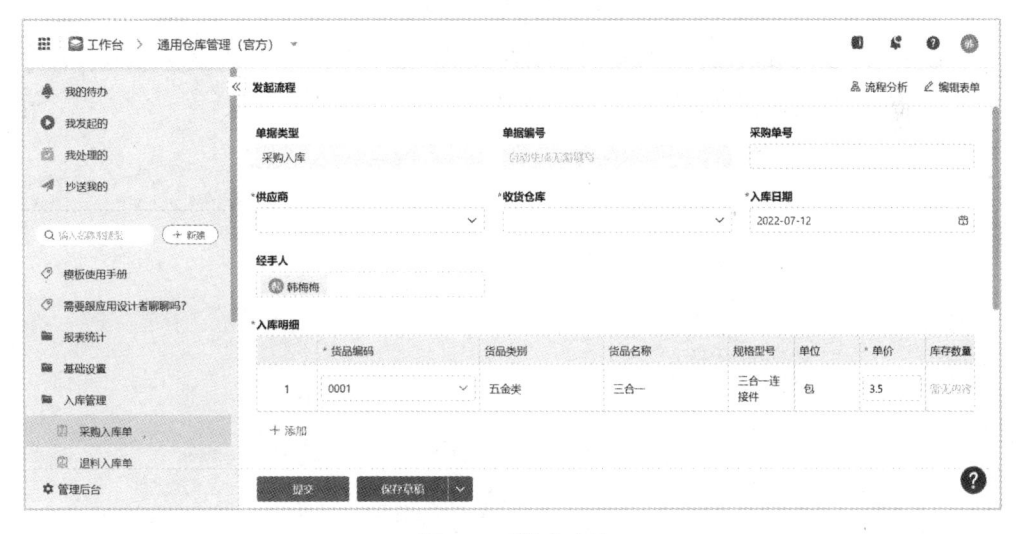

图 5-28　采购入库单

物料的出库和入库类似，仓库管理员需要根据出库的原因，填写相应的表单。

库存管理部分提供库存调拨和库存盘点功能。在库存调拨单（如图 5-29 所示）中选择调出仓库和调入仓库，填写调拨明细，然后提交，就完成了两个仓库之间的货物调配。

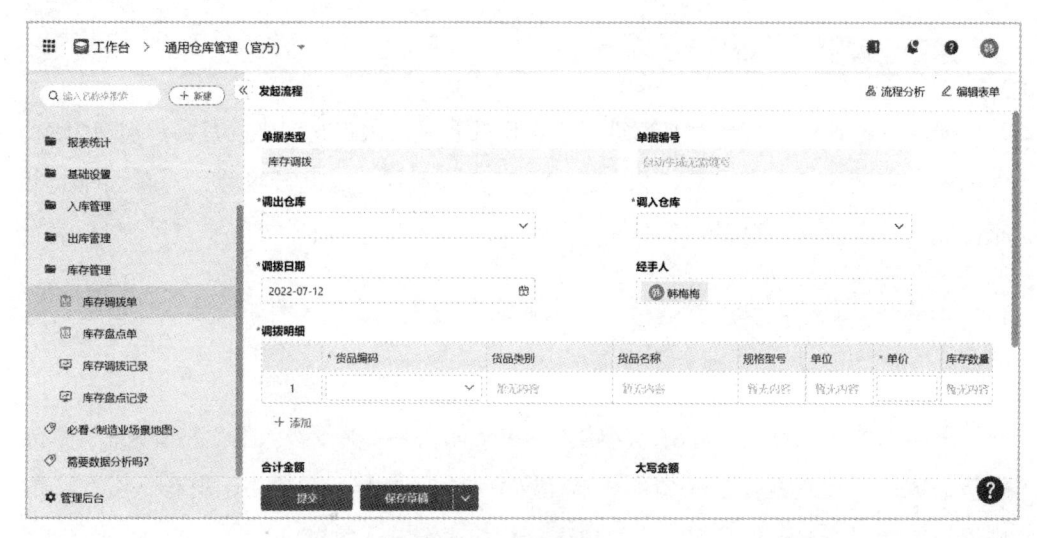

图 5-29　库存调拨单

进行库存盘点时，仓库管理员可填写库存盘点单（如图 5-30 所示），选择盘点仓库和货品编码之后，直接填写盘点后的货品数量即可。

图 5-30　库存盘点单

通用仓库管理系统提供了货品列表、库存查询、出/入库流水账、收发存汇总和库存预警分析等功能,帮助企业了解库存情况。通过对仓库货品进行管理及跟踪,分析仓库管理中的问题,企业可以及时调整策略,减少可能产生的风险。

工厂 WMS

工厂 WMS 涵盖工厂仓库管理的 5 大环节:库位管理、来料管理、拣配管理、成品管理与日常管理。

1. 库位管理

利用工厂 WMS,能够轻松查找货品的存放位置。首先,根据仓库存放货品的具体区域划分库位,然后在工厂 WMS 中录入库位档案,再通过自定义打印功能打印出包含二维码的库位标签(如图 5-31 所示),张贴在对应的库位处。这样,仓库管理员在存放和领取物料时,扫码就可以查看相关信息。库位管理有助于在后续环节中更有条理地对仓库进行管理。

库位编号	CK07-001-005	
仓库名称	车间G区库	
仓库位置	G区	
货架位置	门口左手第一排	
负责人	韩梅梅	联系电话	18700000001

图 5-31 库位标签

2. 来料管理

在物料采购、供应商发货阶段,工厂 WMS 就可以对流程进行管理。采购人员填写采购订单(如图 5-32 所示),或者将 Excel 格式的订单直接导入系统。基于简道云企业互联功能,制造企业可以将供应商接入自己的系统。采购订单被提交后,供应商就能在送货提醒看板上看到待送货数据,然后根据采购订单发货。而且,供应商还能在系统中打印送货单,将送货单和物料一起打包发给仓库。

图 5-32 采购订单

收货后,仓库管理员根据送货单核对物料,并打印标签码。在执行入库作业填写入库单时,仓库管理员可根据货品编码查询该类货品位于哪个库位(如图 5-33 所示),并将标签码贴在物料上。

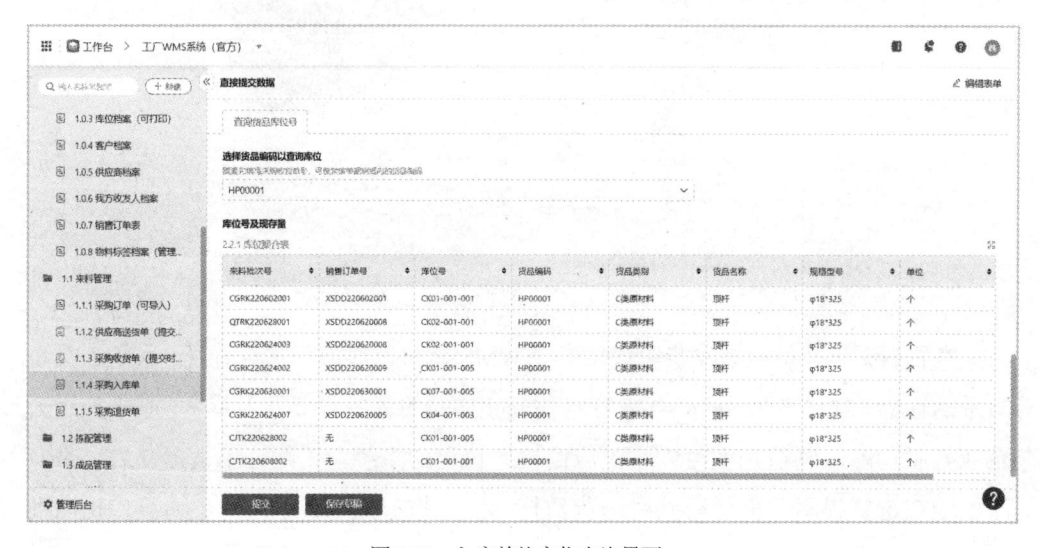

图 5-33 入库单的库位查询界面

3. 拣配管理

车间计划员根据备料计划，在工厂 WMS 中录入备料通知单（如图 5-34 所示）。仓库拣配人员根据备料通知单，依次找到所需物料的库位号，扫描相应的物料标签码，执行拣配作业，并打印拣配发料单。生产工人在交接区根据拣配发料单，依次核对物料，完成领料出库的流程。

图 5-34 备料通知单

4. 成品管理与日常管理

成品生产出来以后，还要对成品的入库和发货进行管理。对于检验合格的成品，由仓库管理员填写成品入库单并提交，然后批量打印物料标签码，将其贴在成品上。接下来，车间计划员填写成品发货通知单，仓库拣配人员根据这个通知单，找到库位号，扫描相应的物料标签码，执行发货出库作业。

工厂 WMS 还配备了库位盘点单、其他出/入库单、库位调拨单和专用调拨单，以实现仓库的日常管理。此系统设置了 4 大看板，供企业查询库位现存量、跟踪订单齐套、查询货品现存量与进/出库记录，以及追溯来料编号。图 5-35 展示的就是其中的来料编号追溯看板。

物料编号	库位	货品编码	销售订单号	采购订单号	供应商送货单号	采购收货单号	采购入库单号	供应商编号
WL2206300007	CK06-002-005	HP00007	XSDD220630001	CGDD220630001	GYSSH220630001	CGSH220630001	CGRK220630001	GYS00007
WL2206300006	CK06-002-006	HP00008	XSDD220630001	CGDD220630001	GYSSH220630001	CGSH220630001	CGRK220630001	GYS00007
WL2206300005	CK07-001-001	HP00003	XSDD220630001	CGDD220630001	GYSSH220630001	CGSH220630001	CGRK220630001	GYS00007
WL2206300004	CK07-001-002	HP00010	XSDD220630001	CGDD220630001	GYSSH220630001	CGSH220630001	CGRK220630001	GYS00007
WL2206300003	CK07-001-003	HP00002	XSDD220630001	CGDD220630001	GYSSH220630001	CGSH220630001	CGRK220630001	GYS00007
WL2206300002	CK07-001-004	HP00009	XSDD220630001	CGDD220630001	GYSSH220630001	CGSH220630001	CGRK220630001	GYS00007
WL2206300001	CK07-001-005	HP00001	XSDD220630001	CGDD220630001	GYSSH220630001	CGSH220630001	CGRK220630001	GYS00007

图 5-35　来料编号追溯看板

5.2.3　制造行业典型案例

在简道云的客户中，许多中小型制造企业是由管理者自己搭建系统的，因为他们清楚员工需要什么样的工具，也清楚自己需要哪些数据辅助管理，再加上零代码开发的技术门槛本来就不高，因此可以自己动手搭建系统。而大型制造企业一般有自己的 IT 部门及各类数字化系统，他们常常借助零代码开发平台弥补现有系统的不足。

本节介绍两家不同规模制造企业的零代码开发平台应用案例。

中小型企业：江阴某企业老板的零代码开发实践

江阴某金属制品有限公司是江阴民营制造业中的一家小规模企业，以生产冲压件、压铸件为主要业务。

在数字化转型初期，这家公司尝试使用 SAP（System Applications and Products，

一款企业管理软件）进行财务和仓库管理。然而在使用过程中，他们发现 SAP 并不能解决实际需求。

由于 SAP 的生产模块比较死板，和公司所处行业的特点及实际业务并不匹配，需要做二次开发。该公司的业务管理很灵活，当组织架构改动之后，人员岗位和业务流程发生变动，但是 SAP 不能同步迭代，导致每个部门都必须配备专人负责这套系统，增加了很多间接的人力成本。然而，在当前市场环境下，企业的经营压力越来越大，专门为此增加人手并不现实。

了解简道云以后，该公司的老板基于自己对业务和管理的理解，利用这个零代码开发工具开发了一套"智慧生产平台"，包含生产管理、模具管理、仓库管理等应用，在电脑或手机上就能实时查看业务流程中的数据。

生产管理

首先被搭建出来的是生产管理应用，以便将生产中的数据标准化。此应用中包含工厂的基础数据库，用于整理物料清单、仓库数据、工序信息等，后期搭建相关的管理应用时，就能随时调用实时的基础数据。

有了标准化的数据，每一道工序完成之后，管理人员只需填报数量，提交"生产流程卡"，工价就能被自动计算出来。质检员完成产品质量检测后，在手机或电脑上提交质量检测单，应用就能自动计算工人的工作量及工资。现在，该公司已经完全摒弃了手工计算，所有数据全部由系统自动生成。

模具管理

模具管理是很重要的一个环节。该公司有数十套模具，不同的模具保养规则不一样，使用了一定次数后就需要进行保养。在基础数据库中，该公司的每一套模具都有单独的编码，生产时，工人会选择相应模具的编码，以统计该模具的使用情况。基于简道云的数据加工引擎，老板根据生产数据，设计了一张表单，其中包含模具的寿命、使用时间等信息，只要在生产流程表单中填写产量，后台就能自动累计模具的使用时间。模具管理应用不仅能统计模具使用时间，还节省了原先负责此专项计算的人力成本。

仓库管理

仓库管理应用是基于简道云的进销存模板搭建的。它用一个仪表盘展示了仓库的库存、成品的总库存、出/入库和退货等实时数据，一目了然。将这个应用与生产管理应用打通后，可以实现库存的精细化管理。此前，因为盘库出错导致产量和库存数据对不上，需要花费大量时间查证，现在直接比对实际库存与仓库管理仪表盘中的数据即可发现是哪个环节出现了问题。

基于简道云搭建的这个平台已经完全代替了之前的 SAP。尽管没有技术开发背景，但是凭借多年的管理经验和自己悟出来的管理哲学，该公司的老板站在全局管理的高度，搭建了解决公司实际痛点的应用，快速地上线 demo 试错和迭代。对于中小型制造企业来说，数字化系统与业务的适配度最重要，一切都要以经营为目标，而使用零代码开发平台可以敏捷地因时而变。

未来，该公司还将继续推动工厂数字化，不断丰富基于简道云的核心数字化平台，同时接入更多的硬件和物联网设备，打造更加立体的"数字化工厂"。其实，像这样通过零代码开发平台迈向"业信融合"的中小企业还有很多，零代码开发平台赋予了所有人公平地享受技术红利的机会，只要愿意思考和尝试，就能实现降本增效的精益化管理，帮助企业实现数字化转型和升级。

大型企业：广西钢铁"炼"就数字化管理

广西钢铁集团有限公司（简称"广西钢铁"），是广西柳州钢铁集团有限公司控股企业，是集沿海、沿江、沿边优势于一体的大型现代化钢铁企业。

广西钢铁一直积极探索数字化转型方法。面对线下审批步骤多、耗时久，大量纸质单据消耗人力，生产设备的管理不够及时，安全隐患靠人力监控等业务痛点及难点，广西钢铁使用简道云搭建了上百个应用，覆盖用印申请、设备领用、设备管理、生产环境监测等场景。图 5-36 展示了广西钢铁在简道云上搭建的部分应用。

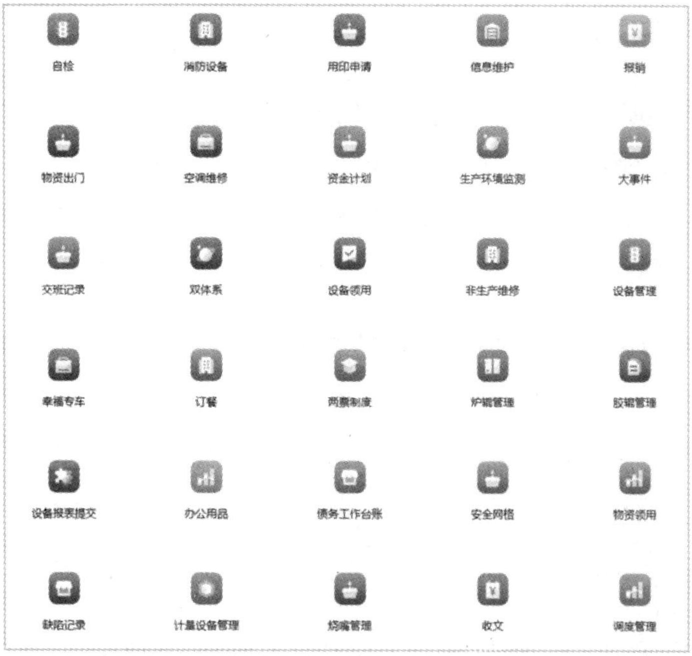

图 5-36　广西钢铁搭建的零代码应用列表（部分）

通过这些应用，广西钢铁实现了：

◎ **流程快速审批**——员工在线上提交申请，应用将消息推送给领导，领导在线上审批。

◎ **在线提交单据**——线上填写的表单数据永久保存在云上，真正实现无纸化。

◎ **移动规范巡检**——员工利用移动端巡检，扫描设备专属的二维码，线上填写表单，避免"假巡检"问题。

◎ **自动监测隐患**——将物联网数据通过 API 接入管理类应用，一旦出现隐患，应用第一时间自动提醒相关负责人。

◎ **数据实时呈现**——所有表单数据通过仪表盘展示出来，管理者随时可查看数据，进行管理。

下面简要介绍广西钢铁搭建的 3 个应用。

危险作业证办理

原先工人办理危险作业证需要在线下提交纸质单据供审批，要是领导们都在办公室，整个审批流程需要 2~3 小时；如果遇上有领导不在办公室，可能会耗费一整天时间。每个月线下审批会产生 200 张左右的单据，每张单据一式三份，保存期长达 2~3 年，仅在管理层保存的审批单，数量最多时可达 7000 张。

为了实现证件办理线上化，广西钢铁通过简道云快速搭建了"危险作业证办理"应用，工人在应用中提交申请，相关负责人收到申请后，随时随地都可以签名审批。该应用上线以后，办理危险作业证只需要 30 分钟，办证效率翻倍，也推进了广西钢铁无纸化审批进程。

设备巡检与维修

对于制造企业来说，保证设备正常运转很重要。一旦设备出现故障，会导致整条生产线停产，造成经济损失。因此，必须规范地执行设备巡检工作，避免出现"假巡检"现象。

为了提高巡检真实性，确保巡检质量，广西钢铁基于简道云设备管理与巡检模板，搭建了"设备巡检与维修"应用。在该应用中，广西钢铁结合自身需求，设计了设备信息表单，将所有设备信息录入表单，并为每台设备生成一个二维码。工人在巡检时，只需要走到设备前扫描上面的二维码，填写表单，就可以记录巡检结果。

对于需要维修的设备，原先是采用打电话的方式报修，即发现故障后打电话通知维修人员赶往现场维修。在这个过程中，如果员工没有按照操作步骤进行作业，或者不填写单据，甚至有些危险作业不办理危险作业证，维修的安全和质量就存在很大风险。

"设备巡检与维修"应用开发上线后，巡检员如果发现设备故障，打开手机就可以直接填写故障信息（文字、照片、视频等形式均可），提交维修申请；维修人员在第一时间收到任务提醒，根据故障信息进行预判后，携带相应工具去现场。维修人员要在应用中填写维修明细表，明细表中所有信息将全部汇总至维修看板，管理者在看板上可直接看到维修一线的情况，对危险作业进行监督和管理。

"设备巡检与维修"应用创造了如下价值：

◎ 强制巡检员到位巡检，确保巡检的规范性。
◎ 减少从发现故障到维修的响应时长，做到早发现，早维修。
◎ 规范报修流程，完善报修信息，避免因沟通问题导致的低效工作。
◎ 强制危险作业必须申请危险作业证，实现了安全交底，保障了员工安全。
◎ 管理人员在手机上即可查看维修的具体情况，监督危险作业。

生产环境监测

钢铁企业在生产过程中需要严格监测环境气体的指标。过去，广西钢铁监测环境气体的方式，是派专人在控制室中看守报警系统，发现隐患就立即打电话通知相关负责人处理。

广西钢铁搭建了"生产环境监测"应用，并通过 API 将物联网检测系统的数据接入应用，每 5 分钟刷新一次数据，如果发现隐患，马上将包含隐患具体情况的消息推送给相关负责人进行处理，直接节省了 1 个人力成本，报警信息的处理时长缩短了 99%。

该应用成功投入使用后，广西钢铁又通过相同的方式实现了冷轧厂的消防报警，使安全隐患得到快速处理，有效减少了应急人力的投入。

广西钢铁在简道云上主要搭建了两大类应用：事务性应用和业务性应用。前者包含危险作业证办理、疫情防控、费用报销、用印审批、请假审批等应用；后者包含设备巡检、物资管理、缺陷管理、生产环境监测等应用。同时，广西钢铁还将简道云平台与其他系统及设备进行集成或对接，打造既"透明"又"智能"的数字工厂。

6

企业零代码开发实战案例

零代码开发平台已经成为许多企业实现数字化转型的重要工具之一。我们在简道云的企业客户中发现了很多值得思考的优秀案例，使人真切感受到零代码开发平台的价值。本章收录了几个有代表性的案例，希望能给大家带来启发。

6.1 科林电气：生产管理者也能自主搭建数字化系统

石家庄科林电气股份有限公司（下文简称"科林电气"）是一家集电力产品研发、生产、销售、服务为一体的上市公司。科林电气品牌柜事业部在没有专业 IT 工程师参与的情况下，以零代码开发的方式建立了一套生产管理系统，用手机就能管理离散制造工序，打造出"透明工厂"和"精益工厂"。

所谓离散制造，是指通过一系列加工任务最终生产并装配出产品的制造形式，一般来说，离散制造的产品包含多个零部件，生产过程较为复杂。在科林电气，一台开关柜的生产周期大概为 10~15 天，包含多个生产环节，随着公司业务规模持续扩大，品牌柜事业部发现，对生产的管理越来越难以面面俱到，整个生产过程的管理成本越来越高。

例如，对于成套开关柜这种离散制造业务，安排生产计划非常重要。但因为科林电气的生产管理没有信息化，排产的合理性高度依赖计划员的专业素养，而且不同的人排出的生产计划完全不一样，导致排产不合理，产线运行不均衡，对标准工时的修正也不够及时。

在报工环节，员工的生产数据由班组长报给车间主任，再由车间主任报给车间经理。这种用纸质单据记录数据，层层上报，多人审核的方式，造成了以下问题：

- ◎ 由于工序拆分得越来越细，需上报的数据量越来越大，每个月计算绩效和工资的时候，数据的统计就越来越麻烦。
- ◎ 一旦产生不合格产品，很难追根溯源。

在库存管理环节，由于开关柜的装配都是定制化的，一旦 BOM 出现错误，就会发生错料、多料等问题，产生呆滞库存。采用传统的库存管理方式，信息很难共享，呆滞料消耗困难，造成库存的浪费。

品牌柜事业部经过分析后认为，这些问题的症结在于生产环节缺乏有效监管，没有及时采集和分析生产数据，如果能用合适的数字化系统对生产进行管理，大部分问题都能解决。他们决定在简道云上自助式搭建数字化系统。事业部负责人带领生产经理和精益工程师组成零代码开发小组，针对生产过程的各个环节开发应用。尽管这些人都来自生产管理的相关岗位，并不具备专业 IT 开发背景，但很快掌握了零代码开发平台的使用方法。不到半年，品牌柜事业部就上线了透明工厂、安灯（Andon）系统、库存管理、精益工厂等应用。图 6-1 展示的是品牌柜事业部搭建的应用。

图 6-1 品牌柜事业部搭建的应用

随后，小组将制订生产计划、原材料出/入库、生产、质量检查等流程全都搬到简道云平台上，搭建了一系列应用，沉淀了大量生产相关的数据。通过对这些数据进行整合与分析，品牌柜事业部提升了管理能力和效率，解决了很多此前无法解决的问题，实现了人员可管、设备可知、物料可控、工艺流程可用。

场景一：透明工厂

透明工厂是与智能制造相关的新概念，指的是将生产过程通过数字化工具展示出来，使生产过程透明、可信。品牌柜事业部着手搭建的第一个应用就叫作"透明工厂"。他们希望生产的每一个工艺环节在线上都有记录，管理者在后台能直接看到生产数据、项目进度等。零代码开发小组很快就搭建出"透明工厂"应用，并迅速完成了 3 个版本的迭代。现在，制造车间里的每个产品都配有唯一的二维码，员工在产线上用手机扫描此码即可填写生产工单，生产经理在手机和电脑上可随时了解生产状况。

因为整个生产流程被搬到线上，相关生产数据有了记录，许多问题都迎刃而解。之前，标准工时的测算令人头疼，如今基于"透明工厂"应用收集的生产数据，品牌柜事业部测算出标准工时，为自动化排产奠定了基础；而且，"透明工厂"应用借助简道云流程引擎的 BPA 功能，能自动分析出生产耗时，从而自动计算出工人的绩效奖金和工资，企业再也不需要每月安排人手工计算。

场景二：安灯（Andon）系统

安灯系统是日本丰田汽车公司创造的信息管理工具，核心思想是为每台操作设备或工作站设置呼叫灯，如果在生产过程中发现问题，一线操作人员可以及时开灯引起大家的注意，及时暂停或者暂缓生产，以便快速解决问题。安灯系统旨在把发现问题后暂停生产的权力下放给一线操作人员，使其在发现问题时可以停止生产，上报问题，以减少不合格品。

品牌柜事业部搭建了"安灯系统"应用，一线操作人员一旦发现质量不合格、设备异常、缺料等问题，就能在该应用中发出呼叫，中止生产，并且该应用会将问题通过微信推送给相关技术人员和管理者，以便相关人员第一时间赶到现场解决问题，尽快恢复生产，达到快速反应、精细作业的目的。管理者还可以根据"安灯系统"中记录的问题数量及响应时间，考核相关部门。

场景三：库存管理

科林电气生产的产品都是根据专业人员的设计定制生产的，生产过程中一旦产生呆滞料，就会造成库存的增加。在大型项目中，难免会发生多买或买错物料的情况。ERP 系统进行 MRP（Material Requirement Planning，物资需求计划）运算时很难处理这些呆滞料，导致这些物料长期处于"在账但不在管"的状态。品牌柜事业部搭建了"库存管理"应用，对每一笔新增库存都在应用中登记责任人、原因等信息，对责任人进行考核，并公开考核数据。另一方面，当库存的呆滞料被消化时，部门可以依据出库单，对帮助消化库存的人员给予绩效奖励，大大减少了异常库存的产生，有效减少了呆滞料。

无论物料是否在账，全部将其扫码登记在"库存管理"应用中，而且这些记录与"透明工厂"应用中生产工单的出料数据是关联的。在生产过程中，如果需要更换零件，会有流程流转到库房，查询是否有适配的库存零件，如果没有，再另行采购。"库存管理"应用使品牌柜事业部对库存的管理有据可依，打开手机和电脑就可以查看实时库存看板；同时，库存的呆滞料也被盘活了。

场景四：精益工厂

精益工厂是一种生产管理的理念，指的是降低生产成本，从各方面提高生产效率。安全管理是精益工厂最基础、最重要的部分。科林电气的大门正对着一条车流量很大的城市主干道，对于骑车上下班的员工来说，有一定安全风险。于是，公司要求所有骑车上下班的员工都必须穿好反光服之后再出门，然而有些员工觉得麻烦，并没有很好地执行。因此，公司安排专人每天在大门前检查，但仍有盲区。比如，员工加班后下班较晚，而此时大门口负责检查的人员已经下班。这种管理方式不仅成本高，效果也不理想。

开发小组搭建了"精益工厂"应用，其中设置了反光服打卡模块，将二维码张贴在公司门口，要求乘坐非机动车出行的员工，必须穿上反光服，然后自拍，上传照片后（也即"打卡"），才能下班。该模块会自动筛查未打卡的人员，默认其未穿着反光服，并通报至部门负责人处。这样，就不再需要安排专人在门口执勤和检查了。此应用上线后，员工的反光服穿戴率达到 100%，全年公司的非机动车事故大大减少。

慢慢地，品牌柜事业部在"精益工厂"应用中加入了 5S 管理[1]、安防管理、员工考勤管理等模块。借助"精益工厂"应用，品牌柜事业部减少了人力投入，却实现了更细粒度的管理。

成果总结

科林电气品牌柜事业部的管理人员自己摸索，利用零代码开发平台搭建出一套适合企业的数字化系统。"透明工厂""精益工厂"等应用帮助企业不断积累数据资源，为生产提供数据支撑；车间工人和主管们积累的生产经验也以数据的形式被记录在应用里，为企业数字化转型奠定了良好的数据基础。

6.2 某装饰科技集团：零代码实现多业态集团的业财一体化管理

某装饰科技集团是一家集设计咨询、工程施工、产业配套为一体的全产业链集团，为某头部房产集团的子集团。该集团旗下各子公司因为经营时长、主要业务及所在地域不同，在业务模式、管理制度、数据标准、团队能力、管理深度、沟通效率等方面均存在明显差异。集团的管理遇到了不少难题，比如：

◎ 各子公司的业务快速发展导致管理需求频繁变化，而原有的 OA、ERP 系统更新缓慢，无法快速满足需求，因此，许多业务不得不长期依靠手工台账进行管理。

◎ 由于数据标准不统一，不同部门经常重复收集相关数据，而且要花费大量时间汇总、整理和校对，不仅浪费人力，而且效率低下。

◎ 当员工离职或调岗时，需要交接大量的业务数据，但并没有合适的系统对交接过程进行管理，如果出现数据遗漏，会给后期的工作埋下隐患。

---

[1] 源于日本的管理术语，5S 即整理（SEIRI）、整顿（SEITON）、清扫（SEISO）、清洁（SEIKETSU）、素养（SHITSUKE）。

该装饰科技集团意识到，要解决这些问题，必须引入一套合适的数字化系统。但是，采用传统方式定制开发系统，不仅要耗费大量资金，更麻烦的是，这类系统的更新往往跟不上企业管理模式的快速变化；而采购同行使用的成熟系统，也无法实现预想的效果。经过选型和评估，他们最终决定采用简道云自行开发数字化系统。IT 部门制定了"三步走"的策略：

第一步，夯实基础，统一框架。在简道云平台上，为现有业务体系开发各个场景的应用；对已有系统进行整合，打通数据通路，将数据汇总到一个系统内统一管理。

第二步，模块贯通，统一标准。每个业务模块的数据按照管理逻辑进行流转、归集，并根据该集团的技术标准和管理规范建立统一的数据标准。

第三步，实施及交付，实现系统间数据互通。对于还未建设数字化系统的子公司，直接在简道云上搭建各类业务应用；对于已有数字化系统的子公司，则利用简道云的 API 扩展能力实现已有系统和简道云的数据互通。

尽管 IT 部门开发团队只有三个人，但是基于简道云零代码开发平台，他们 2020 年 9 月开始搭建系统，当年的 12 月就完成了集团业务平台全部功能的开发和测试。2021 年 1~3 月，团队整理完系统历史数据，实现了业务、财务、管理等系统之间数据的互通，集团各部门和子公司在平台上可协同办公。仅用了 6 个月时间，该装饰科技集团就摆脱手工台账的传统管理模式，全面采用数字化系统进行管理。

场景一：客户管理

对该装饰科技集团来说，客户管理是所有业务的基础。原先，客户信息大多掌握在业务员手中，集团总部没有完整的客户资料存档，一旦业务员离职，其负责的客户就存在流失的风险。

为此，开发团队搭建了客户管理应用（图 6-2 所示为该应用的界面），帮助快速收集客户的各类数据，建立客户资源库；将所有客户的资料都记录和保存在云上，还能实现按条件筛选和精准查找。在客户管理应用中，可以为员工设置不同的权限，确保员工在权限范围内查阅和管理客户数据，避免客户信息泄露。

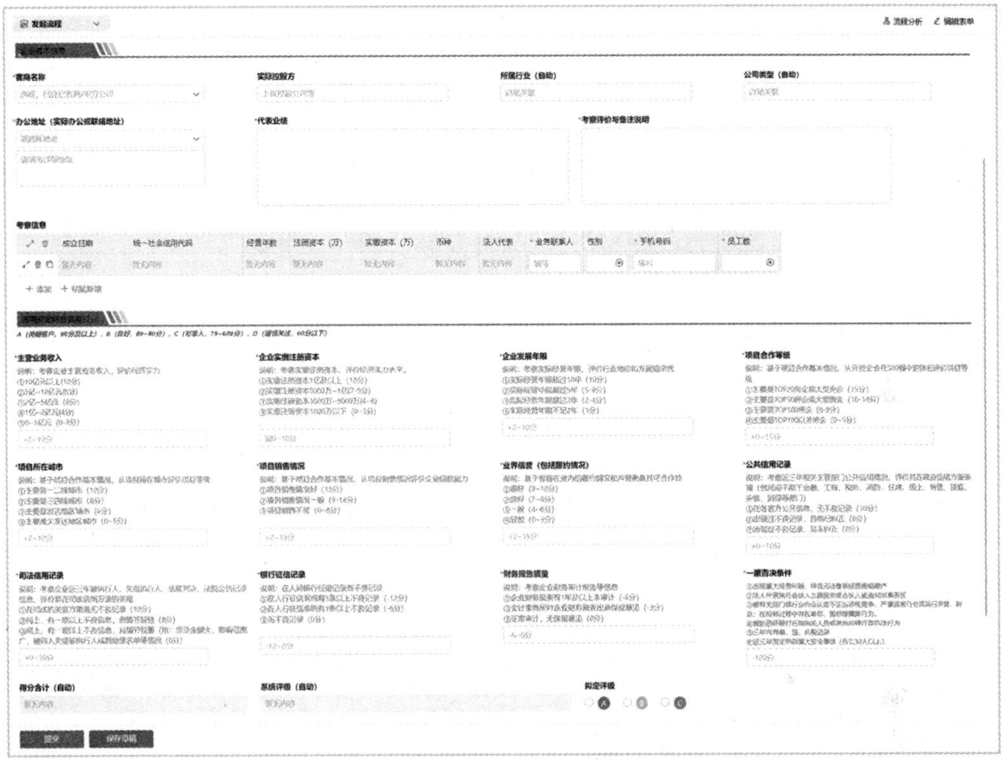

图 6-2 客户管理应用的界面

现在，所有客户的信息、跟进情况及评价都有可实时查询的数据，既能快速查看客户数据，又能对业务员实现规范的管理；根据应用中记录的客户评价，还能够优化与客户的协作模式，提升客户的满意度。

目前，客户管理应用中记录的客户已超过 500 家，对每一家客户均记录了必要的信息，实现了对客户资料的高效管理。

场景二：项目管理

该装饰科技集团的项目管理分为立项和创建项目两个阶段：在洽谈或投标期间，

申请立项；中标后，项目负责人创建项目并与财务及相关部门同步信息，待项目团队的人员、计划指标等确定后，对每个项目单独进行管理。

以前各部门在管理项目时，由于缺乏统一的数据标准，导致业务部、财务部、工程部各使用一套数据，产生了很多重复且无效的数据核对工作。现在，开发团队搭建了项目管理应用，统一了数据标准。项目名称与项目的立项名称和财务编号是关联的。在填报数据时，只需选择项目名称，再按照表单要求填写即可。项目管理应用设置了权限管理功能，使各部门各司其职，减少了部门之间的重复性工作，整体的办公效率自然就提高了。

项目管理应用中的数据被作为规范的项目基础数据，后续各部门可以直接调用，使每个项目都能按主要节点编制计划，实现资金专款专用、流程单独核算、进度实时汇报。在项目管理应用中，可为重点项目设计巡检流程，为质量及其他问题设计整改流程，最终实现项目全过程闭环管理。图 6-3 展示的就是项目管理应用的界面。

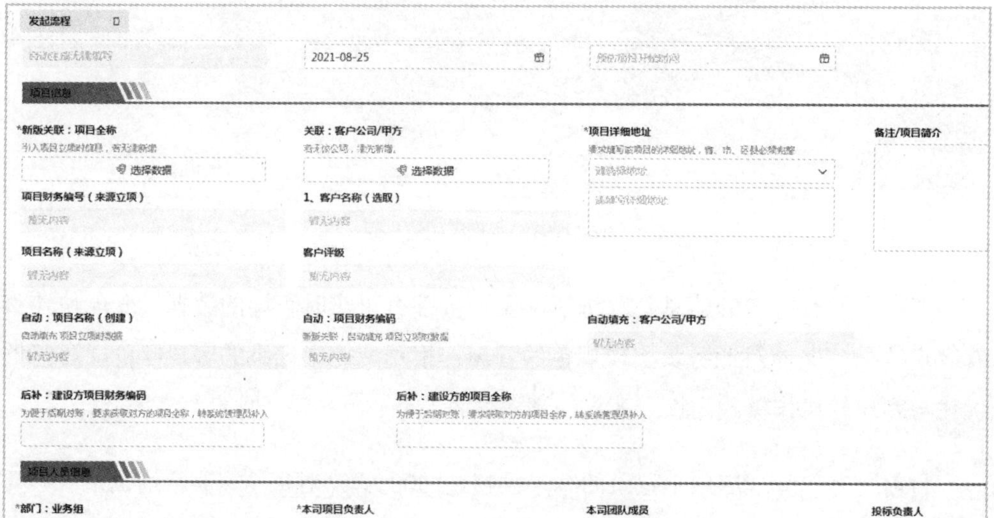

图 6-3　项目管理应用的界面

原来一个项目的多个合同需要多个编码,现在仅用一个编码就可以关联多个合同,编码资源至少节约了 60%;项目管理也有了统一的口径和标准,业务员对接效率至少提升了 70%。

场景三:流程管理

该装饰科技集团内部有非常多的业务流程,如签订销售合同、签订采购合同、供应商的准入和考核、登记或申请发票、收/付款、汇报业务进度等。以往,业务人员需要找到相关领导当面签署纸质审批单,而且要准备很多资料供领导查看。单就联系领导,等待其可签字的空档这一件事,就要花费很长时间,整个审批流程的效率很低。

开发团队利用零代码开发平台,实现了全公司流程管理线上化。图 6-4 展示的就是销售合同审批流程的界面。从已上线的流程来看,单流程的平均处理时间至少缩短了 7 天,原先需要数天才能完成项目数据的汇总与核对,现在则可以实时查看结果。

图 6-4 销售合同审批流程界面

现在,只要按照流程内的提示文字,输入相应内容、上传附件,然后发起流程,领导就可以看到流程的相关信息。领导做决策时需要参考的数据直接在流程内就可以看到，而且这些数据是根据流程收集到的数据直接计算得出的，十分可靠。

场景四：财务管理

该装饰科技集团之前的项目财务管理采用的是手工台账的形式，对账比较麻烦，尤其是在各个部门会签的时候。如果需要查询某笔资金的收款或者付款记录，要是手工台账的记录不够清楚，就不得不从堆积如山的付款资料中翻找原件来查看。

因此，开发团队搭建了财务管理应用，项目的财务人员只需要在表单中填写线上台账就可以了（如图 6-5 所示）。每个项目都有实时、独立的资金台账，而且可以直接调用合同流程中的数据，每一笔收/付款都记录得清清楚楚。在会签时，各部门的负责人可以看到实时的数据。

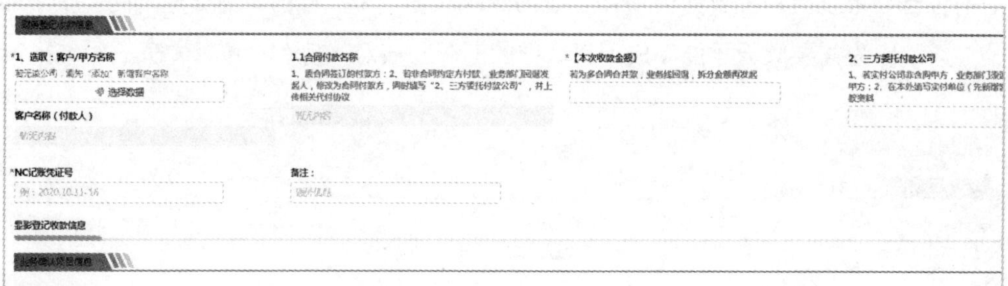

图 6-5　财务管理应用的线上台账

财务管理应用自动同步和汇总财务数据，为财务审批提供了实时数据作为依据，财务人员投入在日常统计与核对数据上的时间至少减少 80%，工作负担至少减少

40%，基本上不需要额外花费时间审核和检查数据。

场景五：数据展示

根据集团的管理要求，各子公司每个月都要制作一些常规报表。如果集团要求上报额外的数据，各子公司还要制作特定的报表。做报表是一件非常耗时的工作，至少需要数日才能完成数据的收集、核对和汇总工作，非常规报表在制作时由于缺少基础数据，只能采用最原始的方式——逐一问询各个项目部，以收集数据，因此需要的时间更长。

针对这个痛点，开发团队搭建了能展示各类流程数据和台账报表的数据看板，针对公司、部门和岗位等不同层级的需求，开发了多种口径的报表。他们借助简道云数据加工引擎，对合同、收款、付款、发票等的相关数据进行整合、计算，自动生成各种口径的统计数据，并且为不同部门、不同职级的员工分配相应的权限，根据其权限范围精细化地推送数据。

现在，大部分常规报表都能自动生成。图 6-6 所示的是在简道云上自动生成的报表，而这样的表格原先要花费一周时间才能制作完成。

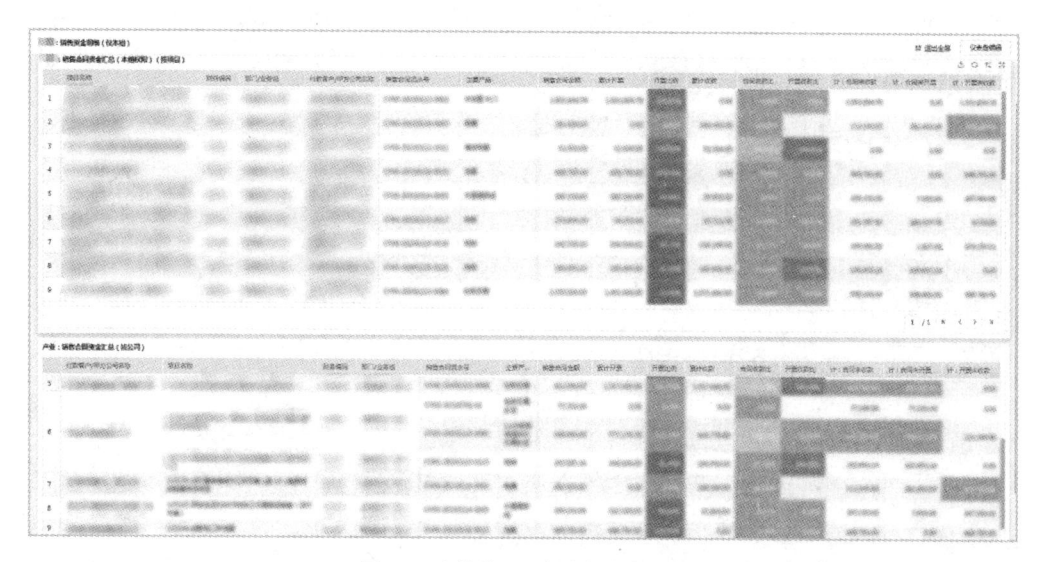

图 6-6　在简道云上自动生成的报表

成果总结

对于该装饰科技集团来说，以往想要搭建一个适用于全部门的数字化系统，要么自己编写代码进行开发，要么购买相关软件产品，无论哪一种选择，都要付出高昂的成本，还要经历较长的系统磨合期。而使用零代码开发平台，仅靠三个人就搭建出整套系统，不仅开发效率高，而且能够完全按照企业自己的需求定制功能，适配性很高。

通过这套量身定制的数字化系统，该装饰科技集团实现了项目管理电子化、业务数据计算自动化，减少了重复的数据核对工作，为一线员工减负，帮助他们提高工作效率；为各级管理者提供多种样式的可视化图表，用数据辅助决策。

6.3 江苏省徐州经贸高等职业学校：零代码构建智慧云校，实现"一人一号、一数一源、一网通办"

江苏省徐州经贸高等职业学校暨江苏联合职业技术学院徐州经贸分院（下文简称"学校"）位于徐州经济技术开发区，学校积极开展数字化建设，被授予"全国教育系统先进集体"、"江苏省职教先进单位"及"江苏省智慧校园"等荣誉称号。

学校的数字校园建设以教务系统为发端，逐步扩展到行政、财务、后勤管理等系统，后来学校又部署了统一身份认证系统，用于接入各类系统的用户，初步实现数据互通。随着移动互联网的发展，师生使用手机处理事务的需求与日俱增，可是原有系统难以适配移动端，已不能适应学校敏捷化、移动化管理的要求。而且，虽然统一身份认证系统实现了不同系统的用户单点登录，但是各系统并不能共享数据。

面对以上问题，考虑到学校的开发能力和资金实力，按照传统方式定制开发系统并不现实，因此，学校选择使用简道云零代码开发平台自己搭建应用。由于零代码开发平台的技术门槛低，并不要求开发者具备专业编程能力，所以学校鼓励老师自己搭建应用。自 2016 年起，老师们开始在简道云上搭建云经贸智慧平台，至今已开发了轻松办公、智慧学工、教学管理和微数据等四大类，总共 50 多个应用，涵盖学校管理的方方面面，初步实现"一网通办"。图 6-7 展示的是云经贸智慧平台的界面。

图 6-7 云经贸智慧平台界面

老师们首先构建了教职工信息库、部门岗位信息库、学籍信息库、教师信息库、宿舍信息库、班级信息库、走读生信息库等一系列的基础数据库，由相应的部门负责维护，保证数据正确且来源唯一。这些数据库是云经贸智慧平台的基础。例如，学生入学报到时，先在迎新管理应用中填报自己的信息，云经贸智慧平台自动将信息加入学籍信息库，如果是住校生，则在宿舍信息库中为该生登记铺位信息；如果是走读生，则在走读生信息库中登记信息。云经贸智慧平台还能对这些信息进行二次确认，如果有学生既登记了住宿信息，又登记了走读信息，他使用请假、离校、学籍管理等应用时就会出错，必须更正信息方可正常使用相关应用。这样，不仅保障了基础数据的逻辑关联一致，也提高了管理的效率。

云经贸智慧平台最基础的功能就是对组织架构和师生的管理。由于学校此前已经建设了统一身份认证平台并与钉钉集成，因此，他们也将云经贸智慧平台与钉钉集成，并使用简道云的在线同步功能，将云经贸智慧平台与学校在钉钉上建立的组织架构打通，实现"一人一号"的身份认证，也即通过手机号绑定个人账号，用户可以更换手机号码而不影响账号的使用，解决了"人号"相符、密码安全等许多原来需要管理员在后台处理的问题。

场景一：值班管理

学校实行三级值班制度，校级领导带班值班、中层领导和各院系老师值班。值班室常年堆放着大量纸质值班日志本，有时日志本被值班人带走而忘记归还，导致下一位值班人无法填写值班记录。

为了解决值班日志的管理问题，老师们设计并上线了值班管理应用，其中包含校园和院系值班日志表单和查询报表。根据实际需求，近年来值班管理应用中又增加了值班表查询、值班提醒、排班和调班、学生安全提示、一键报修、值班签到等功能（如表 6-1 所示），越来越实用。

表 6-1　值班管理应用的功能

功　能	说　明
值班表查询	供全校师生查阅当月值班安排，并通过校内媒介（广告屏、电子班牌）展示当日值班安排，替代原先的黑板
值班提醒	在值班人当班的前一日下午和当日一早，通过钉钉消息提醒值班人，防止其遗忘
排班和调班	各负责部门直接在应用中录入排班汇总表，如需要调班，可以发起审批流程；审批通过后，值班表会自动更新。调班后，值班管理应用可以根据实际情况推送值班提醒
学生安全提示	每晚定时向各院系的值班人推送当天应返校但还未返校的学生名单
一键报修	值班人巡查时如发现需要维修的设施或设备，可在值班表日志中一键报修
值班签到	值班人需要在规定的位置，在手机上用值班管理应用的定位功能签到

场景二：学生入/离校管理

根据疫情防控要求，为了减少人员流动和聚集，学校将已有的网上交费等数字化系统与简道云对接，开发了融合交费注册、宿舍安排、学籍信息同步等功能的迎新管理应用。

原先，新生到校后先要根据校园内的公告牌查询自己所属的班级，然后到指定地点填写纸质学籍信息登记单。新生报到结束后，由各班级将纸质单据汇总到系部，再由系部统一整理并提交至学工部门，学工部门安排专人将信息导入学籍系统。

如今，新生到校前就可以通过二维码或官网链接查询本人的班级、宿舍信息，以及班主任的联系方式，在线登记自己的学籍信息，选择是否住校，并通过网上交费系统交费。学生交完学费后，交费系统将数据回传至迎新管理应用。以上信息经过班主任审核后，学籍注册的流程就完成了。迎新管理应用把线下流程搬到了线上，用线上表单代替纸质单据，既符合了疫情防控的要求，也提升了每个环节的效率。

依照同样的思路，针对毕业生办理离校手续的问题，老师们利用简道云提供的API拓展功能将离校系统与财务系统、图书管理系统及教务系统的数据对接，设计并上线了快速办理离校手续的流程表单，毕业生提交表单即可办理完手续。

场景三：学生请假管理

学校对在校学生实行封闭式管理，学生请假离校，需要假条，这个假条由班主任签发，门卫留存押证后放行，学生返校后，取证销假。然而班主任并非全天在校，学生需要请假时常常找不到班主任当面签发假条。

为了解决学生请假难的问题，老师们搭建了学生请假管理应用。学生本人、班长、班主任都可以发起请假流程，有权限的学校管理人员在线上审批后，门卫室会收到请假信息，核对学生身份后即可放行，精准解决了学生请假出门问题。

如果学生因请假而缺课或夜不归宿，请假管理应用会发送信息告知宿管中心人员和任课教师，方便他们的工作。学生离校后，应用也会发送消息，告知家长该生请假离校和返校的时间及事由。

通过 API，老师们将学生请假管理应用与学校的门禁系统打通，请假申请被审批通过以后，应用会自动授权校门人脸识别门禁，学生可刷脸通行，确保出门者是请假学生本人。

成果总结

零代码开发模式有效解决了学校缺少专业软件开发和运维人员的问题，老师们自己就能开发应用，不再受制于专业软件公司；零代码开发模式敏捷高效，学校既实现了个性化需求，又节约了成本；基于零代码开发平台，学校充分挖掘各部门的业务需求，从使用频次高的简单功能入手，逐步排期开发，从单独解决某个问题到形成完整的应用矩阵，提升了数字化水平，为数字化转型奠定了基础。

6.4 六盘水市十七中学：轻松、愉快、高效，推进教育信息化

六盘水市十七中学（下文简称"六盘水十七中"）是贵州省六盘水市在现代办学理念引领下建立的一所新型中学，目前在校师生近 2000 人，其中教师 126 人，有 35 个教学班，班额均在 50 人左右。

近年来，学校的行政事务性工作越来越多，比如教学相关数据的录入、汇总、分析等，挤占了教师们不少工作时间，六盘水十七中希望上线数字化系统，将教师们从这种烦琐、耗时的工作中解放出来，把更多精力放在教学研究上。

从 2016 年开始，六盘水十七中利用简道云零代码开发平台开启了"云数据"管理模式，开发了一系列应用，减少了教师耗费在非教学任务上的时间，改善了工作体验，提高了校园管理的效率。

场景一：学籍信息管理

原先，新生在开学报到时要在纸质表格上填写个人学籍信息，其中有很多子项，例如：家庭住址、户籍所在地、身份证号、家长的工作地址和联系方式等。1000 多名学生都要填写表格，教室门口经常排起长龙，堵得水泄不通。这种方式既浪费时间，又容易出错，比如身份证和电话号码等数字信息填错等。

六盘水十七中开发了学籍信息管理应用（如图 6-8 所示），家长将自己及子女的身份证和户口本拍照后上传，该应用就能自动提取信息并填入相应字段，缩短了填写个人信息的时间，降低了信息错误率。班主任在系统后台能查看学生的这些信息。而且，学校开发的其他应用，比如图书借阅管理、考试成绩追踪、综合评价等应用，也能调用学籍数据。

图 6-8 学籍信息管理应用的界面

学籍信息是重要的基础数据，是学校对学生进行管理的依据。过去，六盘水十七中的学籍信息管理一直存在一对矛盾：最了解学生情况的班主任没有权限变更学籍信息，而有权限变更学籍信息的教务人员又不了解每一个学生的具体情况。学籍信息的变更流程是单向的，即由班主任将学生信息提交给教务处，由教务处的学籍管理员登记，全校学生学籍信息的录入工作全都压在学籍管理员身上。

对此，学校重新构建了学籍信息变更流程，把单向的数据登记变为双向的数据反馈与审核，将过去由学籍管理员一个人完成的信息登记和变更工作，反向分配给家长和班主任。家长提交需要变更的信息之后，由班主任先审核再发起学籍信息变更申请，教务处老师在电脑和手机上随时都可以审批。

学籍信息变更流程调整了变更学籍信息的方式，节省了数据录入和校对的时间，也使得信息变更更及时，避免了管理上的漏洞。

场景二：图书管理

以往学生们借书，须先在图书馆门口填写纸质表格，等图书管理员根据表格录入图书信息并核查后，方能借到想看的书。整个过程烦琐、冗长，耗费大量人力。但是市面上的图书管理系统价格高昂，学校无力承担采购成本。

基于学籍信息管理的成功经验，六盘水十七中的老师参考简道云进销存模板，设计了图书管理应用。首先建立书库表单，批量导入图书信息；接着建立借书和还书表单，利用简道云的"智能助手"功能将这两个表单与书库表单关联，并设置公式对库存图书进行校验，只有库存大于零的书才能出库。还书后，学生还可以在图书管理应用中对书进行评价。学校为了鼓励学生们多阅读，会对图书的借阅数据进行展示，在评优时对借阅量领先的学生予以加分。

图书管理应用上线以后，学校要求每个班选举一名图书管理员，当班里有同学需要借书时，图书管理员在班级内的一体机上点击简道云的外链即可操作。每个班级都可以自主管理图书的借阅，很好地培养了学生诚信借阅、热爱阅读的习惯。

成果总结

六盘水市十七中基于简道云开发的数字化系统，能快速收集、汇总和查询数据并可视化地展示，减轻了老师的工作负担，提高了管理效率，也潜移默化地增强了教职人员的数字化意识。现在，当出现新需求时，他们会先考虑能否通过开发零代码应用来解决。目前，全校老师已开发了数十款应用，全面覆盖教学场景。这些应用精准地解决了教学和管理工作中的痛点，十分"接地气"，被高频使用，老师们的工作也变得轻松、愉快、高效。

6.5 南京百胜：以零代码应用解决至少90%的经销管理难题

南京百胜通讯设备有限公司（下文简称"南京百胜"）为全球销量前列的某品牌手机的代理商，主要负责该品牌在江苏与安徽两省的市场管理、销售管理等工作。

此前，南京百胜采用的是传统的经销管理模式，有不少问题，比如：

◎ 许多业务还在使用纸质单据，导致很多重复性工作，比如同样的数据要在不同地方填写好几次，同一张表格要打印多份提交给不同部门等，而且纸质单据管理起来很不方便，查找起来也很麻烦。

◎ 开展业务时，需要和上下游的经销商、供应商等角色对接，由于缺乏标准的经销商、供应商关系管理工具，而且商品情况也经常发生变化，要花费大量精力与经销商、供应商核对数据，大大减缓了业务的运转速度，导致订货效率降低。

◎ 门店地理位置分散，采购、销售、人事等业务部门收集门店信息十分不便。

◎ 业务部门的数据无法共享，许多业务数据难以被充分利用。

面对这些管理难题，南京百胜萌生过定制开发数字化系统的念头，但经过调研发现，开发和运维的成本超过了预算。后来，南京百胜在南京地区尝试了零代码开发，根据业务实际需求自己开发应用，效果不错，于是陆续开发出一系列应用。图 6-9 展示的就是南京百胜用简道云零代码开发平台搭建的应用矩阵。

订货	OA	财务	人事	物料	门店
订货管理	请假管理	打通财务ERP	员工花名册	物料申请	苏宁订单/退单管理
分货管理	考勤管理	报销管理	简历库	门店装修	3C门店订货管理
配件管理	知识库	工资条	档案库	库存管理	配件管理
库存销量管理	办公申请	月度对账	入职管理	赠品申请	其他申请
应收对账	入职/生日祝福	税票管理	离职管理	门店形象抽查	……
物流管理	拜访管理	固定资产管理	转岗调岗申请	……	
客户调价管理	日常业务管理	费用申请	招聘管理		
……	调拨/退机管理	福利管理	合同管理		
	企业通讯录	商务申请	……		
	演示机管理	……			
	……				

图 6-9　南京百胜用简道云搭建的应用矩阵

尽管南京百胜在各地的经销管理模式不一，但各地的简道云子管理员以南京地区的成功模式为参考，为所在区域的分公司搭建了应用。很快，这种模式被迅速推广至苏皖各地的代理区域。目前，包括财务、业务、经销商客户在内的数以万计的用户都在使用基于简道云的系统。

场景一：订货管理

南京百胜管理多个地区的经销事务，每次订货时，都需要收集数千家经销商的订货数据。过去，经销商订货需要先打电话找业务员下单，然后业务员再逐级上报，等待订单被审批。在此过程中，如果经销商想要加单，就要逐级修改和校对订单数据，不仅给业务员、文员和财务人员等相关流程处理人员带来繁重的工作量，而且十分低效。在确认回款环节，经销商要给指定手机号发短信，发送汇款信息，南京百胜负责审核的人根据短信内容制作回款表，再和财务人员提供的银行流水核对，工作量非常大。

为了解决这个影响核心业务的瓶颈，南京百胜基于简道云开发了订货管理应用，将整个订货流程搬到线上。如需订货，经销商可以直接在手机上下单，省去了很多沟通环节；业务员再也不需要手工统计数据，而是实时获取订货明细，还能获取订货总量、型号分布、订单分布等分析结果，至少比原先节约了一半的时间。

南京百胜将订货管理应用与外部的"网银机器人"程序对接，实现了实时认款、实时查看应收余额，减少了以往的业务跟款、文员核对、财务比对银行流水等烦琐操作，省时省力。南京百胜还将订货管理应用与公司省代理、二级代理的财务 ERP 系统对接，使经销商能获得双方业务往来的一手财务数据，收款、发货、调账数据尽收眼底。

订货管理应用不仅提升了南京百胜与经销商之间的协作效率，还为双方的经营决策提供了依据。根据每日订货、发货数据及变化趋势，分析哪些商品当前受欢迎，哪些商品销售得更快，哪些商品能带来更多利润，哪些客户订货积极，哪些货需要向上游工厂增订等，大部分数据分析需求都能通过订货管理应用实现。

场景二：人力资源管理

南京百胜的员工结构比较复杂，以江苏省为例，直营和联营公司众多，业务员、导购员、各种职能及后勤人员数千人。对这些员工进行精细化管理，是一个极具挑战性的工作。

为了解决员工管理的痛点，南京百胜搭建了人事管理应用。员工数据是人事管理的基础数据，因此人事管理应用纳入了员工的入、转、离流程，通过简道云"智能助手"，根据流程信息实时更新员工花名册，保证数据的准确性。

员工 KPI（Key Performance Indicator，关键绩效指标）考核也是人事管理的重要内容。由于业务员和导购员每周、每月的绩效考核目标都会变化，而且业务员和导购员的销售额是每月由人工计算后上报财务审批的，并不会即时录入，因此主管很难清楚了解各项工作的进展,无法及时督导和帮助员工改善绩效。

为了优化 KPI 考核方式,南京百胜在人事管理应用中设计了绩效考核项统计模块,根据主管每月月初下达的该月和每周的考核项和考核指标,直接调用订货数、销量等数据自动计算员工 KPI 的完成进度。基于考核指标和 KPI 完成进度,南京百胜在人事管理应用中还为各部门、各层级员工都搭建了 KPI 看板,可视化展示考核项、指标完成率、预估进度、绩效得分等数据。

员工通过 KPI 看板能充分了解自身业绩与目标的差异、部门整体业绩情况及自己的排名,从而调整工作状态;管理层可以通过 KPI 看板了解各部门主管、组员的工作表现,将其作为员工晋升的参考。

场景三:日常办公

2017 年之前,南京百胜只有进销存和财务管理数字化系统,其他所有的申请、审批、通知流程均使用纸质表单,需要逐级签字或审核,耗费大量时间与精力,而且还有很多信息是通过电话、微信等形式传达的,很难归总处理。

南京百胜基于简道云的表单引擎和流程引擎开发了 OA 系统。以移动报销为例,OA 系统提供自定义打印功能,只要提前设定费用报销单模板,业务员在提交申请时选择预先设置好的会计科目,后台将自动生成可以导入财务系统的报表,自动打印报销单。OA 系统实现了流程数据分析,公司管理层能够直观看到正在进行的流程,以及哪些审批节点耗时较多,从而分析原因,判断流程的哪些方面可以改进。

这套 OA 系统涵盖了移动报销、物料管理、固定资产管理、客户调价管理、知识管理、员工入职及生日祝福等丰富场景,实现了公司的个性化需求,为公司的运营提供了数据支撑。

成果总结

南京百胜基于简道云搭建了超过 60 个管理应用,既覆盖了经销、财务等核心业务场景，也覆盖了物料管理、移动报销等非核心业务场景，加速了数字化转型的进程。

在实践中，南京百胜以南京地区为试点，用数字化系统的实际效果吸引各地的简道云子管理员以南京地区的模式为参考开发管理应用，将这种模式迅速推广至苏皖各地，开辟了全新的管理思路和模式，实现了高效的经销管理，值得借鉴。

6.6　TATA 木门天津分公司：零代码实现连锁门店的数字化管理

TATA 木门天津分公司负责 TATA 木门在天津的生产、销售和服务。为了实现降本增效，该分公司基于简道云零代码开发平台，从最基本的订单管理应用开始，陆续搭建了福利和薪酬管理、店面管理、活动管理等应用，提高了管理效率，优化了员工的工作体验。

场景一：订单管理

2015 年以前，TATA 木门天津分公司使用的都是纸质订单。成单以后，客户在纸质订单上签字，店长再将订单信息录入 Excel 表单。店长每天都要整理门店的订单数据，然后通过邮件发给公司，再由公司的数据助理制作出当天的数据报表。整个流程非常烦琐，耗费不少时间。而且，公司的订单数据全靠各门店的店长统计，一旦有店长离职，接手的员工想要查看历史数据就需要向公司的数据助理申请，再由数据助理查找后导出来，效率十分低下。这种传统的订单管理方式还容易造成撞单现象，严重影响员工士气，导致门店员工之间互相埋怨。一旦不同门店对订单的归属发生争执，公司也缺乏信息作为判断依据。

为了解决这些问题，TATA 木门天津分公司搭建了订单管理应用，把原先需要手工填写的订单信息都放到在线表单中。门店销售人员只需要在手机上做简单的操作就能报价，而且根据其填选的内容，订单管理应用能够自动计算产品价格。一旦客户提出售后需求，门店也能在后台搜索到订单信息，快速提供相应服务。

以前，想要做数据分析，只能等门店将 Excel 文件上传后，再由数据分析人员利用 Excel 公式进行分析，数据时效性不高，店长也不能随时查看想要的数据。现在，在微信中就能登录订单管理应用，通过仪表盘看到门店的实时订单数据和整体回款情况。店长还可以根据自身需要，有针对性地设定数据分析规则，对门店数据进行分析，实践数据化管理。

订单管理应用还能提高销售人员的工作积极性。TATA 木门天津公司在销售人员佣金规则中设置了跳点，卖得越多，能拿到的佣金比例就越高。通过简道云的数据加工引擎，订单管理应用会根据订单数据计算出每位销售人员的佣金。此外，订单管理应用中还加入了业绩和佣金看板，销售人员能够看到自己的业绩完成情况及能拿到的佣金，还能看到距离提成跳点的销售额，以此激励自己达到更高的跳点。

场景二：福利和薪酬管理

在 TATA 木门天津分公司，原先逢年过节才发放员工福利。为了给予员工更具人性化的关怀，公司创新了福利发放形式，在简道云上建立了一个内部线上积分商城，除了逢年过节给员工发放积分，还会给表现优秀的员工发放奖励积分，员工用积分可以在商城里兑换想要的礼品。

TATA 木门天津分公司还开发了薪酬管理应用，基于简道云实现薪酬管理。过去发放工资的时候，由于纸质工资条不能及时发到每个人手里，人事部门只能将工资表截图逐一发给每位员工，还得应对纷至沓来的询问薪酬明细的电话。薪酬管理应用上线以后，人事部门在该应用的薪酬表中填写工资明细，员工当月工资就能被自动计算出来，员工从微信登录简道云就可以查看，全年的工资变化一目了然。

成果总结

零售企业的门店往往分散在各地，如何提高数据的搜集与分析效率，以及提高门店协作效率是普遍的难题。TATA 木门天津分公司基于简道云开发应用，并将简道云和微信集成，员工打开手机就能办公；不同应用中的数据可以共享，员工也能查看自己权限范围内的多种数据；员工间、部门间的协作与沟通更加流畅，管理者能够更便捷地了解公司各方面的业务数据。

基于零代码开发平台，TATA 木门天津分公司仅靠一人就搭建了销售部、电商部、财务部、家装部等九大业务部门的应用，实现了自助式数字化创新，享受到了数字化带来的管理红利。有了天津分公司的成功实践，TATA 木门在其他城市的分公司也陆续采用零代码开发模式来实现降本增效。

6.7 同盟冷链：零代码开发解决冷链企业的管理困局

河南同盟冷链仓储有限公司（下文简称"同盟冷链"）运营着一家智慧冷链物流园区。该公司的业务定位为全托管第三方仓储，即客户无须派人员驻场，仅需下达指令，出/入库、装卸、盘点均由库方完成，按量计费。这种全托管的服务方式对库方数据的准确性、时效性要求较高。在园区的冷库建设期间，同盟冷链就着手仓库管理软件的选型。他们测试了市场上的多款通用仓库管理软件，发现多数软件仅支持库方自己管理仓库，无法向仓库的客户提供服务。尽管市场上也有云仓管理软件，但目前成熟的云仓管理软件是面向消费者业务的，并不适合同盟冷链的业务定位。

同盟冷链对自身业务进行复盘和分析，总结出仓库管理的四大痛点。

◎ 仓储作业效率低，差错率高，客户投诉率高。业务高峰期每天吞吐量 10 万件，漏装、错装、多装时有发生，客户投诉率居高不下。

◎ 报表多，工作量大，人力成本高。仓库管理需要制作大量的报表，每天都要投入大量人力对库存、库位、货龄、仓储费、装卸费、账单、能耗等项目做各种报表，工作量大，人员加班现象严重。

◎ 数据不准确且严重滞后。数据由人工根据原始纸质单据录入 Excel 文件，难免会产生错误；而且，录入和统计数据均需要时间，因此难以查看到实时数据，某些数据甚至要到次月才能统计出来，那时数据已经不具备参考价值，无法指导生产。

◎ 数据不可靠，无法助力决策。准确度不高、严重滞后和分散的数据，不能反映真实运营情况，无法为决策层提供可靠的数据依据来指导公司运营。

这些痛点极大影响了公司的运营，同盟冷链决心寻找适用的方式解决痛点。他们得知零代码开发平台门槛低，而且能根据自己对业务的了解定制化开发系统，于是决定成立信息化小组，组建开发团队自行搭建业务系统。

经过多轮测试与改进，同盟冷链逐步搭建起综合业务管理平台，目前已经实现了车辆预约排队、装卸进度实时监控、装卸费实时计算、实时生成库存与货龄等报表、客户在线对账、运营大数据等模块和功能。

场景一：调度室综合作业

原先，调度室由人工排单排产，全凭调度员的经验安排货物的装卸，效率较低，而且无法准确了解作业情况，比如：当前排队的车辆数、排队中的计划作业数、当前装卸进度、预计完成时间、当天产量等。

根据上述痛点，开发团队设计了车辆入场排队登记表单，装卸车均需扫码登记后才能入场，一来便于司机了解现场的车辆排队情况，避免由于插队产生纠纷；二来可以收集每辆车的入场和装卸数据。

利用简道云的数据加工引擎和数据报表引擎，开发团队将当前作业数据通过三块大屏展示出来。在大屏上展示的核心数据包括：装卸口状态、排队中的车辆数、装卸中的车辆数、当日吞吐量、每日出入库数量等。

三块大屏使现场作业情况一目了然，为调度工作提供了支撑。调度员根据大屏上展现的数据科学安排生产，仓库的日吞吐量比原来提高 30% 以上。

场景二：装卸费管理

装卸工的工资是按件计算的。原先的装卸费计算流程是，每一车装卸完以后，接车员开具装卸票据给装卸工，装卸工下班时将所有票据交给统计员，统计员再根据票据，将装卸工的工作量录入 Excel 文件。这种方式不仅给统计员带来繁重的工作量，数据也要几经中转，往往在次月中旬才能计算出装卸工上月的工资。如果装卸量和客户的月出/入库合计数据不符，还需要人工查找原因，甚至出现两个月后才能准确统计出装卸工工资的情况。装卸工对此意见颇大，工作积极性下降。

同盟冷链开发了装卸费管理应用，在应用中录入装卸队基础信息，就会为每一位装卸工分配唯一的条码。在完成装卸任务后，装卸工扫描条码，即可将工作量记录在自己名下。由于装卸费的计算和货物数量是直接关联的，一车货物装卸完后，装卸费管理应用会自动根据货物数量计算出工人本次的装卸费，并更新在工人的工资表中。为了让装卸工直观地看到自己的工资情况，同盟冷链还在作业区安装了大屏，实时更新和展示装卸费数据。

现在，统计员在统计装卸队工资上的工作量几乎降为零。装卸队工人可以实时查看自己的工资，而且次月的 5 号前装卸队基本上都能拿到工资，工作积极性大大提高。现场主管根据各装卸队的收入情况安排装卸任务，使装卸工的收入更均衡，也提高了工人的整体满意度。

场景三：仓库利用率管理

仓库利用率是仓储企业的核心业务指标。同盟冷链有 6 个平库、1 个自动化立体库，要统计各仓库的利用率，存在以下 4 个难点：

◎ 工作量繁重。
◎ 人工统计导致出错率高。
◎ 货物周转率高，数据的统计速度跟不上货物移动的速度。
◎ 由于没有实时且准确的基础数据，所统计的仓库利用率也不准确。

为了让仓库管理员准确了解仓库利用率，为货物合理分配库位，同盟冷链搭建了仓库利用率管理应用。他们制定了库位编码规则：沿用装卸费的计算思路，为每一个库位设定唯一编码，同时给托盘粘贴唯一的条码，在系统中记录托盘（用托盘号表示）被存放的库位（用库位号表示）。仓库管理员只需利用手机或手持终端扫码，登记货物上架或下架信息，后台就会自动汇总计算出仓库利用率。

仓库利用率管理应用上线之后，由于不再需要手工统计和计算，仓库管理员工作强度降低50%以上，数据准确率能达到99.9%。实时、准确的仓库利用率数据，为仓库管理员合理分配库位提供了依据，提高了仓库利用率，降低了库房的运营成本，间接创造了经济效益。

场景四：产品追溯和串货查证

同盟冷链的客户多为食品企业，对产品质量要求严格，通常要求全流程可追溯，有时还有串货查证的需求，但是在海量的数据中查找某一批次产品的流向非常困难，往往要耗费巨大的人力翻阅原始单据进行查证，效率低下。

为满足客户需求，同盟冷链搭建了产品追溯和串货查证应用。产品入库时，在应用中填写产品编码和批次号，入库后将产品编码、批次号和托盘号绑定，出库时扫描托盘条码，即可记录该批次产品的流向。此外，同盟冷链在应用中还提供了数据报表，方便客户自主查询。

产品追溯和串货查证应用投入使用之后，查证效率大大提升，客户满意度也提高了。在某知名乳品企业组织的全国分仓串货查证技能大比拼中，基于这个产品追溯和串货查证应用，同盟冷链获得全国第一名。

场景五：客户自主下单

同盟冷链的业务定位为全托管第三方仓储，因此必须实现客户自主下单。他们利用简道云开发了客户自主下单应用，为客户设置相应的权限后，客户就可以自行在应用中预约装卸班次，自主下单（如图6-10所示）。此应用上线以来，客户订单数据正确率为 100%，无一例差错。而且支持客户自主下单之后，同盟冷链也实现了真正意义上的"全托管云仓"，即通过云平台预约班次、下达出/入库指令、查询库存、核对账单等，有效提升了客户体验，增加了客户黏性。

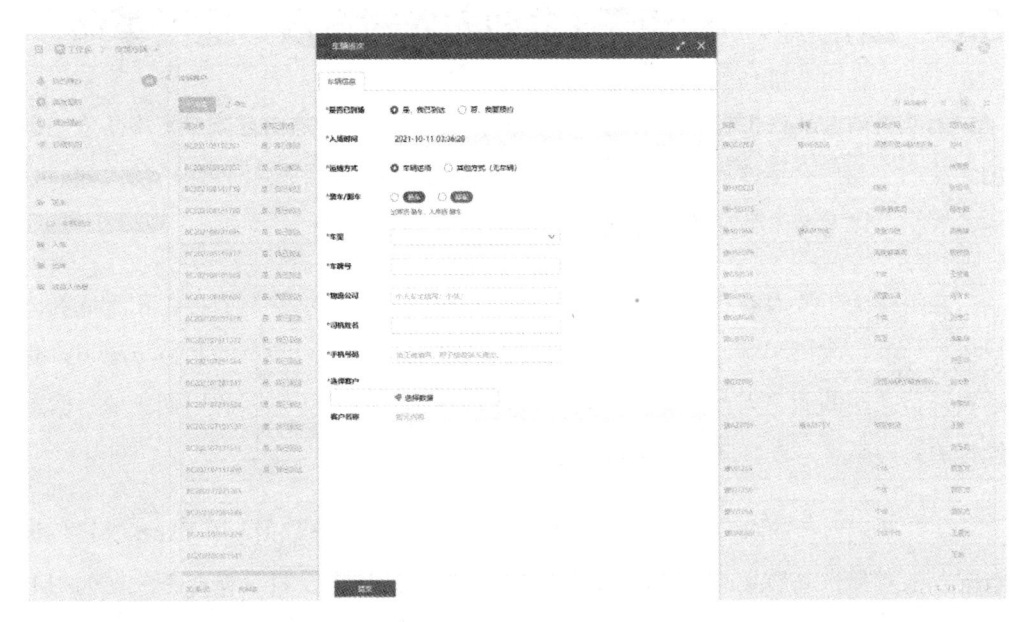

图 6-10 客户自主预约装卸班次

成果总结

同盟冷链利用简道云建设的这套数字化系统，预估节约了上百万元的开发和维护费用。后期随着系统的不断升级，产生的经济效益还会更大。

该公司各业务线的效率也得到提升：

◎ 库存差错率从 5‰ 下降为 1‰。
◎ 装卸效率提高 30% 以上。
◎ 账务和报表人员从原来的 8 人缩减为 1 人，而且制作报表的时间大大缩短。

此外，同盟冷链与客户在合作时的沟通成本显著降低，客户可以随时在系统中查看业务数据，客户更安心。这些改变提高了客户满意度，获得了核心合作伙伴的高度评价，增强了企业竞争力。同盟冷链通过零代码开发将数据真正转化为生产力。

6.8　盛洁源：零代码开发助力农村开展"厕所革命"

山西盛洁源环保工程有限公司（下文简称"盛洁源"）是由多家具有多年农村改厕经验的公司联合组建而成的，拥有多名改厕管护专家，主要提供厕所的改造、保洁、管护，以及污水处理等一体化专业服务。

盛洁源除了要改建农户原有厕所，还要对新建厕所提供管护服务。由于农村人口居住分散，改厕和管护任务点多、面广、战线长，而且所涉及的利益方较多，包括农户、改厕的施工人员、管护人员、政府相关部门人员等，因此迫切需要一套易操作的管理系统，以协调各方需求，监督工程质量。

面对数以万计的农户，如果靠传统的方式——手工记录数据，用 Excel 表格传递数据，很难提供高质量的服务。由于公司成立的时间短，没有既懂业务又懂编程的 IT 人员，市场上也没有现成的软件可用，依靠传统的方式定制系统，成本高、周期长，对操作人员的要求高，很难让农户用起来。

基于这些痛点，盛洁源决定通过简道云零代码开发平台尝试自行搭建厕所改造管护系统。

对农户来说，他们希望改造完的厕所能正常使用，化粪池满了有人抽，厕所坏了有人修。为了方便农户及时报抽报修，盛洁源想到为每户发放一张二维码，有报修报抽需求时，用手机扫码就可上报。

由于农户的数量庞大，盛洁源首先为农户编码，和身份证号类似，一户一码，不重复。村级以上的信息采用全国建制村统一编码，户号则由流水号字段自动编码。根据这个编码，盛洁源为每一户生成唯一的二维码，并打印出来制作成卡片，发给农户，他们用手机扫码就能查看自己对应的省、市、县、乡、村信息。为农户编码，相当于将农户的基础数据标准化，为后续的工作打下了基础。

盛洁源的厕所改造管护系统功能架构如图 6-11 所示。农户扫描二维码，可以填报、查询自家的改厕档案，也可以报修报抽；施工单位扫描二维码，可以即时填报施工信息，记录厕所改造的情况以便存档；盛洁源公司可以实时收到农户的报修报抽信息，并调派人员上门服务；政府部门通过数据大屏，监控厕所改造项目进度，了解情况，进行评价。

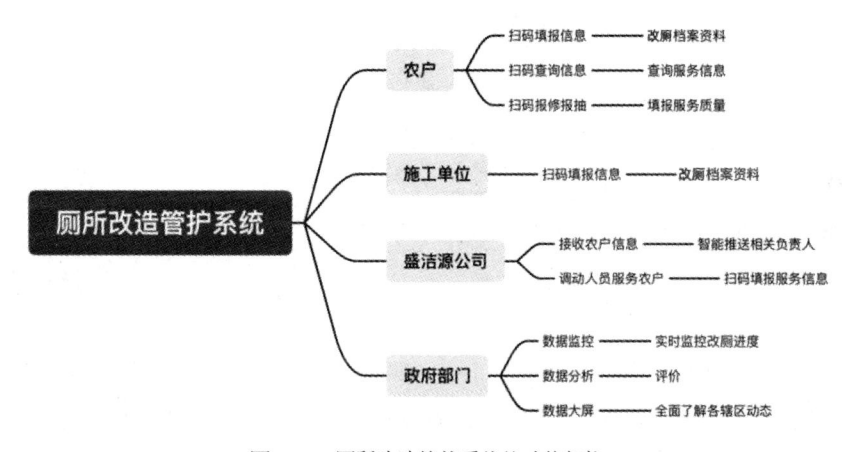

图 6-11　厕所改造管护系统的功能架构

场景一：收集农户改厕信息

盛洁源提前为每户农户制作了卡片，卡片上打印了农户专属的二维码，用手机扫码就能进入盛洁源的厕所改造管护系统填写信息，如图 6-12 所示。为了优化农户填写信息的体验，盛洁源在表单中使用了 OCR 功能，农户只要将身份证拍照后上传，系统就能自动识别图像，并将姓名、身份证号填写到相应的位置，十分方便。

图 6-12 在手机上就能填写信息

采取"一户一码"的管理模式，同时通过表单规范数据，收集上来的农户信息质量就有了保障。盛洁源还利用简道云的数据加工引擎对个人敏感信息脱敏，确保个人信息安全。

基于简道云，盛洁源实现了农户改厕档案电子化，省去了繁重的填写纸质表单及管理档案工作，节省了大量人力和金钱成本，也为后续的改厕工作奠定了数据基础。

场景二：农户报修报抽

盛洁源不仅要提供厕所改造服务，还要提供后续的管护服务，保障农户厕所"建好、用好、管好"。这就要解决三个问题：

◎ 农户有报修报抽需求时，如何上报？
◎ 公司接收到农户的需求后，如何快速了解农户所在地和需求详情？
◎ 如何保证需求信息的真实性？

盛洁源将整个农户改厕管理系统集成至企业微信公众号，关注此公众号，在公众号页面点击"报修报抽"菜单，就可上报需求。农户改厕管理系统的二维码也被印在农户卡片上，卡片上还印有提示文字，直接扫描卡片上的二维码也能进入系统。为了弄清楚农户的详细地址，报修报抽表单中加入了"定位"字段，农户点击该字段，系统可以利用农户手机的定位功能自动获取其位置信息，并通过简道云的手机号码验证功能，确保是农户自己上报的真实需求。

为了及时为有需要的农户提供服务，盛洁源利用简道云的流程引擎，结合数据提醒功能，将上传到系统里的新数据推送至管护员的手机上，督促管护员尽快解决农户需求。

厕所改造管护系统使农户能迅速找到服务公司，操作简单，容易接受，实现了"让数据多'跑腿'，让群众少跑路"的服务宗旨。图6-13展示的是手机端报修报抽的界面。

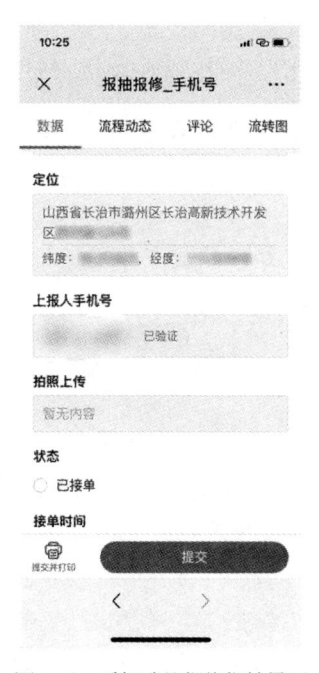

图6-13 手机端的报修报抽界面

场景三：项目验收

为了确保厕所改造现场的施工质量，盛洁源要求验收时填写表单、拍照存档，以及负责人签字。盛洁源很快搭建出一套包含现场定位、拍照上传、添加签名等功能的验收系统，并为验收人员、村级负责人、乡镇验收组分配了不同的权限，确保落实分级验收制度。

该系统上线之后，验收人员现场验收时只需带上手机，就能即时上报验收结果。相较于传统的纸质文件验收，这种工作方式的效率有了质的提升。经过粗略测算，仅就改厕项目验收的无纸化办公而言，山西省 3000 多个村就能节约 60 万元左右的开支。

成果总结

"厕所革命"改变村容村貌，是服务农民、助力乡村振兴的重大民生实事。盛洁源始终遵循数字化管理的思路，将厕所改造工程所涉及的农户、施工单位、本公司员工、政府部门等四方都当作用户，借助零代码开发平台，把他们从复杂琐碎的工作及流程中解放出来，大部分工作都能在手机上完成，极大提升了工作体验，提高了工作效率，降低了工作强度。

这既是一场"厕所革命"，也是一场诞生和发展在农村基层的数字化思维的革命，是一场工作方式的革命。

7
零代码时代的全民开发

在传统的观念中，企业数字化系统的开发应该是 IT 人员的工作，而零代码开发平台的出现，使企业内部非 IT 岗位的业务员、管理者也有可能成为开发者，他们也被称为"公民开发者"。这个数量庞大的群体是一股不容小觑的力量，只要给予正确的引导、适时的协助、规范的管理，将极大地缓解企业 IT 人手不足、IT 需求堆积的问题。他们带来了搭建企业数字化系统的新方式——全民开发。

7.1 全民开发是什么

全民开发是零代码开发平台出现以后被提出来的概念，指的是企业或组织中的非 IT 人员也参与数字化系统的开发。零代码开发平台降低了门槛，即便不具备编程背景知识，也能开发应用。

根据专业的研究和咨询机构 Gartner 在 2021 年对全民开发行为的调研结果，使用零/低代码开发平台的开发人员中，有 60%来自 IT 部门之外的其他业务部门。这些开发人员正是 Gartner 所谓的"业务技术人员"——为工作定制或构建应用、自动化流程和技术解决方案的员工，也就是"公民开发者"。Gartner 预测，到 2026 年，使用零/低代码开发平台的开发人员将会有超过 80%是公民开发者，越来越多的公民开发者会与专业的 IT 开发者在低代码项目上进行合作。

在传统的模式下，企业数字化系统的开发者往往是 IT 部门或者外部软件供应商，他们并不参与企业的实际业务活动；而在全民开发模式下，开发者就是使用者。任何个人或组织成员都有机会成为开发者。一线业务员可以自己开发一些简单的应用，提升个人和团队工作效率；管理者也可以自己开发应用，提升管理效率或者所带团队的协作效率。

根据简道云的观察，广大中小微企业及个人经营者中也有相当庞大的公民开发者群体。例如，山西农村的一位会计在简道云上搭建了疫情防控信息采集系统，出入村庄的人员扫码就能够登记信息，既避免了人员接触，又提高了信息登记效率，得到了村民的好评，被当地日报点名表扬；在广西柳州，从来没有学过编程的手机经销商老板，自己学零代码开发，在简道云上搭建了业务管理应用，短短几年就从手机线下销售市场的红海中杀出，成为当地的"手机大王"……这样的案例还有很多，他们都是公民开发者。

基于零代码开发平台提供的丰富功能、各种开箱即用的模板，公民开发者完全能够开发出功能复杂的应用。在本章的最后也将分享一些值得借鉴的案例。

对于企业而言，应该如何对待专业开发者与公民开发者？是不是不再需要保留专门的IT岗位，这样能省去不少人力成本？

小微企业的业务规模及盈利能力有限，而且业务简单，原本就是一人身兼多职，企业的数字化需求完全可以由公民开发者借助零代码开发平台解决。而大中型企业则不然。在理想状态下，大中型企业内的专业开发者和公民开发者应该互为补充。公民开发者的优势在于其身处业务一线，对数字化需求的感知更加真实，对业务逻辑的理解更深刻，而且他们自己就是数字化系统未来的用户，更清楚想要的是什么。专业开发者的优势在于丰富的项目经验及完备的专业知识，零代码开发项目本质上也是IT开发项目，需要专业开发者运用项目管理方法，把控开发进度，确保项目顺利开展。除此之外，业务和管理应用中的许多场景会涉及与其他系统的互联互通，这些都需要专业开发者提供技术支持。公民开发者和专业开发者的目标都是完善企业数字化系统，前者可以分担后者的压力，让其有更多精力去完成更复杂的数字化项目。

7.2 为什么要倡导全民开发

企业的数字化转型不仅仅是管理层和IT部门的工作，业务人员也应该参与，而且业务人员的参与将提升企业数字化系统建设的速度和质量。全民开发既可以帮助IT部门减轻开发需求的"债务"，又可以最大程度地满足业务部门的需求，而没有IT

部门的中小微企业也能自己开发系统。

IT 部门的需要

随着各行各业的数字化转型不断深入，企业应用开发的需求迅猛增长，而 IT 部门的人力有限，无法满足这些与日俱增的需求，导致需求"债务"像滚雪球一样越来越大。如果业务人员能自己使用零代码开发平台开发应用，就能大大减轻 IT 部门的需求"债务"，也能让各类应用尽快落地，发挥作用。

推行全民开发，IT 部门就将不再只是企业内部解决业务需求的角色，而是整个企业数字化转型的推动者。我们拜访了那些数字化转型成果斐然的企业，发现不论企业规模的大小，IT 部门负责人都认为业务系统的创新应该由一线业务人员发起。全民开发给了一线业务人员创新数字化系统的机会，而这种创新也与 IT 部门的工作目标是一致的。

业务部门的需要

一方面，由于企业数字化转型，业务部门提出的很多新需求难以得到及时响应；另一方面，很多企业内部仍然有大量过时、低效的业务系统，如果按照传统的开发模式更新或者重新开发系统，需要至少数月乃至数年的时间。而且，在新系统交付之前，业务部门要不断与 IT 部门或软件服务商沟通需求，但是业务人员和 IT 人员看问题的角度不同，需求往往难以被准确理解，最终交付的应用会和业务部门的预期存在差异。此外，做排期规划、参加新系统的使用培训，也会占用业务人员大量的时间和精力。

由 IT 部门领导全民开发，业务部门可以在 IT 部门制定的框架之内，通过零代码开发平台等工具自主开发应用。业务部门自己开发应用，自己使用，能节省大量需求沟通时间，也不用担心产生需求理解不准确的问题。

中小微企业的福音

对中小微企业和个人经营者来说，全民开发带来了以低成本、低门槛的方式实现数字化转型的机会。这些企业规模小，往往一人身兼多职，但也正因如此，员工对业务流程有着深刻的理解，更了解自身需求。他们自己搭建的系统能为团队提供更好的工作体验，使业务流程更高效。

全民开发概念中的–"全民"其实是一个暗含"平等"意思的字眼，它意味着不同规模的企业、企业中的各种角色，都有机会开发应用，优化自身数字化系统。

7.3 公民开发者应具备的能力

尽管零代码开发平台降低了开发应用的门槛，但并不意味着随便就能成为合格的公民开发者。公民开发者应该具备以下 5 项关键能力，才能开发出真正满足需求的应用。

1. 流程思维和系统思维

流程思维指的是在思考和解决问题的时候，用将问题所涉及的业务环节看作一个流程，并对其进行拆解和分析的思维方式。系统思维指的是将问题看成一个系统，分析系统中各个要素与整体的有机关系，梳理问题的脉络，找到解决思路。

在开发应用之前，公民开发者要运用流程思维，通过流程图、泳道图等形式梳理出业务环节的流程：有谁参与、怎么做、下一步流转给谁，并思考如何优化。接着，公民开发者需要运用系统思维，画出能够解决业务需求的系统的架构图，分析该系统需要哪些表单、如何构建表单间的流程关系、需要用看板呈现哪些数据。

只有应用这两种思维对问题进行分析后，才能将需求转化为编程任务，才算理清了应用的底层逻辑，才可以着手开发应用。

2. 零代码开发能力

零代码开发平台的使用虽然简单，但是对于毫无 IT 背景的公民开发者而言，还是需要花时间学习的。零代码开发平台厂商在其官网上一般会提供帮助文档，可作为自学的资料。企业的人力部门也可以委托 IT 部门组织员工集体学习。

需要注意的是，公民开发者并不需要像专业开发者那样掌握复杂的开发技能，重要的是掌握零代码开发的逻辑，熟练使用零代码开发平台所提供的基础功能。遇到复杂的需求时，公民开发者可以与专业开发者讨论，寻求帮助，以加快整个项目的开发速度。

3. 沟通能力

全民开发的初衷之一就是让应用的使用者成为开发者，让最了解业务的人参与开发。如果自己开发的应用日后可能会被推广至其他部门、全公司，甚至公司外的合作伙伴使用，就要学会与同事及业务流程涉及的上下级、合作伙伴沟通，了解他们的实际需求。因此，高效沟通的能力也是公民开发者必备的关键能力之一。

4. 创造力

创造力即创新的能力，富有创造力的人往往善于变通。零代码开发平台提供的都是固定的功能模块，开发者要像搭积木一样，用这些功能模块搭建出有价值的应用。然而，即使是同一个场景，不同的人所开发的应用的内部逻辑也不尽相同，用户在实际使用中的操作和体验也不同。因此，公民开发者需要发挥创造力，在面对实际需求时灵活变通，不拘常理，选用最合适的功能模块来搭建应用，使应用更加符合用户的需求和使用习惯。

5. 洞察力

洞察力是关注细节并敏锐捕捉关键问题的能力，公民开发者要能够发现各种业务场景中被人忽视的问题。只有找出痛点，才能对症下药。对细节的洞察力是大多数公民开发者创造价值的源泉。

7.4 全民开发实践中的注意事项

要让忙于完成业绩的一线员工付出时间和精力参与全民开发，不是一蹴而就的事情，需要企业及组织内部的多方力量提供各种支持。

1. 内部培训

发起全民开发运动之初，企业要组织零代码开发的技能培训。相比于让员工自学，有组织的系统性培训更容易帮助他们掌握零代码开发知识，集体培训的仪式感也会使员工感受到企业对全民开发的重视。员工参与培训，掌握了零代码开发技能，才有信心成为一名合格的公民开发者。

2. IT 部门的支持

在全民开发的实践中，IT 部门的支持十分重要。一方面，IT 部门要为公民开发者选择和提供符合信息安全要求的零代码开发平台，确保零代码应用不会造成安全问题，因为安全与合规永远是企业应用开发中不可逾越的红线。另一方面，当遇到复杂的需求时，IT 部门要协助公民开发者一起开发。这样的工作模式可以有效避免出现"影子 IT"。

3. 管理层的支持

全民开发是员工的主动行为，首先需要得到企业/组织的支持。管理层要认可这种全新开发模式对企业/组织的价值，并且建立相应的激励机制。例如，设置专门的奖项，或者将全民开发相关的任务和目标纳入员工的职业规划、绩效评估，甚至岗位描述之中。有了激励机制，员工才有可能积极学习和使用零代码开发平台开发应用，而一旦其所开发的应用创造了价值，就会形成正向的良性循环，吸引更多人参与，企业/组织的支持力度也会更大。

7.5 全民开发的案例

事实上,全民开发并非仅为听上去很美好的愿景,有越来越多非 IT 岗位的编程"小白"和"菜鸟"学习零代码开发后,搭建出不错的应用,为所在企业创造了价值。本节将介绍来自简道云客户的 3 个案例,希望这些案例能够对读者有所启发,帮助大家提升成为公民开发者的信心。

龙辉起重

山东龙辉起重机械有限公司(下文简称"龙辉起重")是泰山脚下羊流镇的一家起重机制造企业。这是一家扎根乡镇的民营工厂,员工规模大约 300 人,平均年龄 40 岁,几乎都是当地"放下锄头进工厂"的农民,只会用智能手机进行最简单的操作——打电话、拍照或收发信息。总的来说,龙辉起重属于传统制造业中的劳动密集型企业,此前在管理上一直比较粗放,既没有什么标准化的生产流程,更谈不上对数据的管理。

但是,龙辉起重的总经理认为数字化转型是企业生存和发展的大趋势,坚定地推行数字化转型,一定要"把能标准化的东西都标准化,把能数字化的东西都数字化"。在数字化转型的初期,龙辉起重尝试过市面上的成品 ERP 软件,但在试用过程中发现不少问题:

◎ 要部署 ERP 软件,前期会产生大量的调研及咨询费用,后期购买软件还需要一大笔钱,作为一家规模不大的乡镇企业,龙辉起重难以承受这样的成本。

◎ 使用这些成品 ERP 软件时,需要根据软件中的流程来调整企业的运行模式,而且企业还要增设专门的岗位,聘用专人操作软件,不仅增加了执行的复杂度,还增加了人力成本,加重了企业的负担。

◎ 员工年龄偏大,普遍学历不高,学习操作 ERP 这种大型数字化系统难度较大。

经过调研，龙辉起重的总经理了解了零代码开发模式，决定选择简道云作为开发平台，和助理一起开发管理应用。经过一段时间的学习和摸索，这两位不具备计算机专业背景的人成功开发了一组应用，图 7-1 所示的就是龙辉起重的简道云工作台界面，可以看到他们开发的应用涵盖了生产管理、行政管理、人事管理等多个场景。

图 7-1　龙辉起重的简道云工作台界面

生产管理是龙辉起重的核心业务场景。起重机的制造要遵循一套复杂的工序，每开始一道工序之前，都需要提交相应的数据，才能进入下一道工序。龙辉起重总经理根据实际业务流程设计了生产管理应用，为每一台起重机配备唯一的编码，跟踪其生产过程中每一道工序的数据。考虑到大多数员工的文化水平不高，在生产管理应用的流程表单上，员工的操作步骤被控制在 3 步以内，而且全程无须输入文字，仅需要勾选选项或者拍照上传图片即可。

随着企业生产规模的扩大，员工也多了起来，人事管理的重要性逐渐凸显。为了能够对员工的工龄、薪酬、工时等信息进行管理，在员工薪酬调整时有合理的数据支撑，总经理和助理着手搭建考勤绩效应用。他们首先将简道云与钉钉考勤对接，收集员工的考勤信息；然后，基于生产管理应用中记录的员工产量、质检管理应用中记录的产品合格率，以及考勤信息，助理设计了一套绩效和薪酬的数据加工逻辑，开发了智能薪酬应用，可自动计算员工薪酬。在智能薪酬应用中还能设置权限，管理者能看到下属员工的绩效，员工能查看自己的绩效，数据非常透明。

龙辉起重评价这套系统为自己的"数据银行"。现在，他们将几乎所有端口的数据都汇总到简道云平台的系统上，利用简道云的数据工厂功能对数据进行分析和处理，再用大屏展示出来，帮助员工把控生产进度和质量，实现数字化和精细化管理。龙辉起重也因此成为当地的数字化转型明星企业，虽然其规模和产量都不算大，但是仍有络绎不绝的企业来参观和"取经"，学习他们的数字化解决方案。

扶沟县实验小学

河南省扶沟县实验小学是一所拥有 4 个校区的集团化学校，有学生 7500 余人。学校一直秉持"教师幸福、学生喜欢、社会满意"的办学理念。

在校长的带领下，扶沟县实验小学很早就开始了数字化转型的探索。在 2011 年建校之初，学校就使用邮箱和微信群协同办公。学校采用扁平化的项目制管理模式，力求实现更及时、高效、公开、公正的现代化治理。在工作中，学校管理者必须全面地了解教师的工作情况，希望所有的工作评价和反馈都能够"实时输入、即时反馈、个性推送"，一方面督促教师提高教学质量，另一方面给予教师公正的评价，同时还要保证对教师的工作评价适度公开，保护个人隐私，不让考评结果伤害教师工作积极性。这就对学校的数字化系统提出了要求。

试用了市面上的多种校园管理软件之后，校长发现，这些产品只能提供一些固定的基本功能，难以从师德、考勤、备课情况、教研成果、教学成绩等维度综合评价教师的工作，评价不全面就无法将结果发给当事人；而张贴纸质评价单虽然保证了信息公开，但是不能保护个人隐私。做了一番市场调研后，校长选择使用简道云零代码开发平台自主开发校园管理软件。

于是，英语教师出身的校长成为全校第一位公民开发者。摸清简道云开发平台的操作之后，校长决定先尝试开发教师档案管理应用，希望实现教师档案的高效管理，档案能随时调用，教师不再需要重复填写档案。

不久，教师档案管理应用成功落地。除了管理档案，该应用还能根据用户的权限推送和展示数据，保护个人隐私。全校两百多名老师很快通过手机或电脑在应用中填报了个人档案信息，学校实现了教师档案的线上管理。

教师档案管理应用的成功给了校长信心，他牵头成立了学校的公民开发者团队，以开发更多的应用辅助校园管理。团队的成员都是来自教学一线的老师，他们收集师生的需求，开发应用并进行测试，等应用上线后再教大家使用。这种模式保证了所开发的应用均解决的是实际需求，不是为了"数字化"而开发的花哨应用；而且，因为开发应用的老师其实也是应用的用户，特别关注用户体验，所以应用上线后，不需要经过复杂的培训，师生们很快就能上手使用。

看到自己提出的需求真的被开发成应用，师生参与应用开发的兴趣和热情也被激发出来了。扶沟县实验小学的全民开发运动也正式开始。

公民开发者团队搭建了用来收集教师的师德、考勤、备课、教研、执教班级的成绩等数据的若干应用，对教师在上述方面的表现分别评分，并赋予不同权重，然后制定一套算法，使用简道云数据工厂功能自动计算出综合评分和绩效数据，再通过仪表盘把结果展示出来（设置了权限管理，只有本人才能看到自己的数据），教师在手机或电脑上就能查看。

这套应用组成的云管理平台使学校的扁平化管理理念得以落地。由于数据都是公开的，减少了因为数据不公开而导致的误解和猜忌，教职工之间的关系更融洽，工作也更有动力。

搭建了教师管理的相关应用之后，校长还希望通过简道云辅助学生"自治"，即学生参与学校管理，在检查完各班卫生和纪律情况后把结果实时反馈给各班班主任。

学校在教学楼的走廊里安装了许多可以触摸操作的大屏，校长带领开发团队的老师利用简道云的 API 功能，使评分用的表单适配大屏显示，这样值班学生在课间检查完各班级的卫生情况之后，可以直接在大屏上打分，在上课预备铃还没结束的时候，教师就能在手机上看到本班的得分。图 7-2 展示的就是学生会干部在值班巡查时需要填写的表单。

图 7-2　学生会干部值班时要填写的表单

在全民开发模式下，老师们在零代码开发平台上不断开发新的应用，至今已有大大小小 50 多个（图 7-3 列出了部分应用），既涵盖了教务、教研、德育等教学管理核心场景，也涵盖了请假审批、教师档案管理、学生档案管理等日常管理场景。

图 7-3　扶沟县实验小学搭建的部分应用

视源股份

广州视源电子科技股份有限公司（下文简称"视源股份"）是一家主营业务为液晶显示主控板卡、交互智能平板等显控产品的设计、研发与销售的企业。与前两个案例不同的是，视源股份的全民开发并非自上而下由管理者发起或扛大旗的，而是由业务线员工自发推进的。

视源股份非常重视数字化建设工作，采购了制造行业中广为使用的头部 EBS、ERP 软件产品，并基于这些软件进行了大量的定制开发，搭建了自己的管理平台。随着业务种类和规模逐渐扩大，目前公司内部大大小小的数字化系统已经有 400 余个。

系统多了之后，IT 部门的运维难度就增加了，各种问题随之而来。首先，很难集中维护和管理这么多系统。视源股份内部的数字化需求处于爆发阶段，虽然业务部门可以自主采购或者定制开发系统来解决需求，但是最后这些系统仍然要由 IT 部门集中运维和管理。许多系统与 IT 部门制定的开发、运维标准不符，导致公司内部的 IT 环境变得很复杂，给 IT 部门增加了不少负担。其次，定制开发和采购系统需要时间和资金。新业务的出现导致业务部门时常调整需求，即便争分夺秒定制开发和采购系统，也很难满足不断变化的需求；从成本方面考虑，也不可能只要有需求就采购一套系统。

为了减轻负担，视源股份的 IT 部门引入了简道云零代码开发平台，并设置了 ITBP 的岗位。ITBP 就好比 IT 部门的产品经理，连接 IT 部门和业务部门，分析和验证业务部门的需求。因为在零代码开发平台上很快就能搭建出应用，所以针对业务部门的需求，ITBP 会先搭建一个 demo（应用原型）给业务人员体验，慢慢地，他们发现简道云也能解决一些小的数字化需求，于是选择一些涉及用户群广的日常场景，比如问卷调查、健康打卡、核酸预约等开发应用，交付给业务部门使用。这些应用获得成功之后，ITBP 开始在核心业务场景中用简道云开发应用，帮助业务部门搭建海外事业部的进销存系统、视源健康的 CRM 系统等。

越来越多的简道云应用被交付使用，大家感受到了零代码开发带来的便捷，开始自己尝试搭建应用。例如，人力部门受到启发，用简道云搭建了人员编制预算管理应用。由于视源股份是一家研发型企业，人力是最重要的资源。人力部门管理的不仅有内部员工，还有孵化业务方员工、合作伙伴、外包人员等，这些人员的数据来自多套系统，而且不断变化，人力部门需要实时掌握每个团队的在职人数、待入职人数、招聘预算等数据，评估人员离职风险。通过零代码开发的方式，人力部门仅用一个星期就上线了人员编制预算管理应用，实现了岗位在职人员信息统计、待入职人员管理、招聘预算管理、离职风险管理等功能，而按照传统的写代码定制开发模式，至少需要两个多月系统才能上线。

除了人力部门，还有许多来自不同部门的业务人员参与了全民开发。他们在简道云上搭建了经销商管理、售后满意度调查、物业巡检、餐厅预约管理等应用，图 7-4 列出了部分应用。视源股份目前的 160 多个应用中，超过一半是业务人员开发的，基本覆盖了公司所有业务场景。

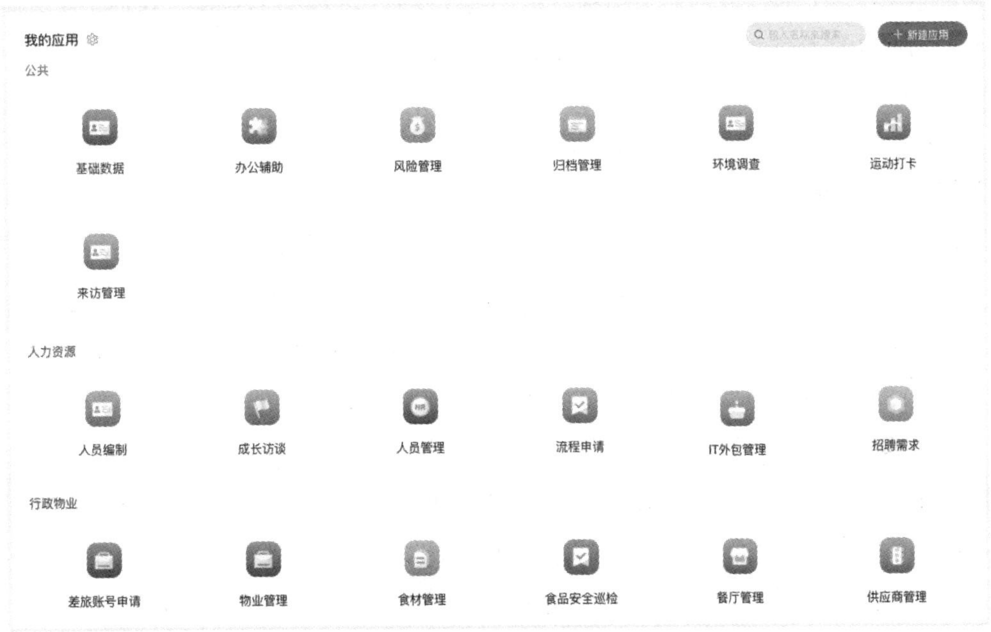

图 7-4　视源股份的"全民开发"成果（仅列出部分应用）

视源股份的全民开发取得这样的成果，ITBP 功不可没。ITBP 是 IT 部门派驻业务部门的成员，他们深入了解业务场景，制作需求蓝图，维护部门 IT 系统，帮助业务部门培养了一大批公民开发者。零代码赋能的 ITBP 更大程度地扩展了 IT 部门的服务边界，直接解决了大量"部门级"数字化需求，以最低的成本、最快的速度实现了最多的需求，使得业务人员的工作效率和体验显著提升。

更重要的是，ITBP 为企业的创新注入活力，培养了数字化关键人才，为全民开发奠定了基础。

除了通过设立 ITBP 直接帮助业务部门解决需求，视源股份还为业务人员提供充分的指导，建立内部培养体系，推广全民开发。他们制定了 4 个步骤：1）筛选"金种子用户"；2）提供简道云学习方案；3）协助指导业务部门的公民开发者开发应用；4）定期对公民开发者所开发的应用给出评价。

视源股份的 IT 部门定期组织内部分享会，建立优质案例库，并制定规范，明确阐述适用于零代码开发的业务场景、零代码开发的过程和运维标准，保证全民开发在公司监管下有序进行。

7.6　小结

我们认为，全民开发是企业引入并使用零代码开发平台的一种非常高效的模式。很多人把零代码开发比作搭乐高积木，那么通过本书，相信广大读者和相关从业者能够建立对零代码开发的准确认知，能够知道它是什么，能搭什么，怎么搭，以及怎么搭好。可以预见的是，随着零代码开发的发展、开发平台的应用和推广，企业的系统开发需求将不再堆积成山，开发流程将更加敏捷，所开发的数字化系统将更加贴合业务实际。此外，当业务人员成为应用开发的主力，IT 部门与业务部门将形成新的协作生态，全民开发势必会让创新的文化普及到组织的每个角落。

附录 A
名词解释

API：Application Programming Interface，应用程序编程接口，用户可以通过 API 实现不同系统之间的数据共享。

BI：Business Intelligence，商业智能，指在打通企业数据孤岛，实现数据集成和统一管理的基础上，利用数据仓库、数据可视化与分析技术，将指定的数据转化为信息和知识的解决方案。

BOM：Bill of Material，物料清单系统，可以详细记录一个产品需要多少材料，然后汇总这些材料的从属关系、单位用量和其他属性。

BPA：Business Process Analysis，业务流程分析，是一种为企业调整、优化业务流程，提供数据依据和支撑的统计分析方法和工具。

CRM：Customer Relationship Management，客户关系管理，既指一种数字化系统，也指一种管理公司的战略方法。

ERP：Enterprise Resource Planning，企业资源规划，是建立在信息技术基础上，

以系统化的管理思想，为企业决策层及员工提供决策手段的管理平台。

ETL：Extract-Transform-Load，数据抽取、转换和加载，是对数据进行预处理的一个过程。

Forrester：国际著名的技术和市场调研公司。

IDE：Integrated Development Environment，集成开发环境，用于提供程序开发环境的应用程序，一般包括代码编辑器、编译器、调试器和图形用户界面工具。

KPI：Key Performance Indicator，关键绩效指标，是用于衡量员工工作表现的量化指标。

L2C：Leads to Cash，即"从线索到现金"，一种企业运营管理思想。

LCDP：Low-code Development Platform，低代码开发平台，通过可视化的方式，编写少量代码即可快速搭建各种应用的平台。

Mendix：西门子旗下的低代码开发平台。

MES：Manufacturing Execution System，制造执行系统，是一个面向制造企业生产车间执行层的生产制造信息化管理系统，用于管理生产和调度工作。

MRP：Material Requirement Planning，物资需求计划，是企业根据生产、销售、采购等情况为物料需求制订计划。

MVP：Minimum Viable Product，最简化可行产品，是指用最快、最简明的方式建立一个可用的产品原型，这个原型要能表达出产品最终想要的效果。

NCDP：No-Code Development Platform，零代码开发平台，不需要写代码就能够快速开发出业务应用的平台。

OA：Office Automation，办公自动化，将现代化办公和计算机技术结合起来的一种新型的办公方式。

OCR：Optical Character Recognition，光学字符识别，是指电子设备检查纸上打印的字符，通过检测暗、亮的模式确定其形状，然后用字符识别方法将形状翻译成计算机文字的过程。

PaaS：Platform as a Service，平台即服务，用户可以在服务提供商提供的平台上开发、测试和部署软件应用程序。

RAD：Rapid Application Development，快速应用程序开发，指通过可复用的构件，更快地开发应用。

SaaS：Software as a Service，软件即服务，用户无须购买软件，而是向服务提供商租用基于 Web 的软件来管理企业经营活动。

SAP：System Applications and Products，国外公司开发的一套企业管理软件。

SDK：Software Development Kit，软件开发工具包，是软件工程师用于开发软件的工具集，包含软件包、软件框架、硬件平台、操作系统等。

SOP：Standard Operating Procedure，标准操作程序，是指将某项业务的标准操作步骤和要求以统一的格式进行描述，以指导和规范日常工作。

SRM：Supplier Relationship Management，供应商关系管理，既指一种软件管理系统，也指一种管理方法，旨在加深企业和供应商之间的紧密关系。

WBS：Work Breakdown Structure，工作分解结构，是指为了实现项目目标，创建所需可交付成果，项目团队对需要实施的全部工作所做的分解。

Webhook：用户通过自定义回调函数的方式来改变 Web 应用的一种方式。

WMS：Warehouse Management System，仓库管理系统，指一种能帮助企业实现或完善仓储信息管理的数字化系统。